勝ち続けるチームを支える言葉

Kudo Kimiyasu
工藤公康

幻冬舎

勝ち続けるチームを支える言葉

はじめに

二〇一五年、福岡ソフトバンクホークスの監督に就任した。孫正義オーナーから最初に言われたのは、

「十連覇するようなチームをつくってくれ」ということだった。

七年間の監督生活の中で、もっとも悩みぬいたのは、

「チームをどうしたいのか」

「チームとしてどうあるべきか」

「チームが勝つためにはどうすればいいか」ということである。

私は、監督とはソフトバンクという大きなグループの中の「野球部」の部長のような存在だと思っている。かりに組織として「こういうチームをつくりたい」といわれたら、そのチームにふさわしい選手を集めることが中心になる。

だが「十連覇する強いチームをつくってほしい」ということならば、それは私の野球観が求められているということだ。つまり「強いチームとは何ぞや？」と問われているのだ。最初に着目したのは、一軍と二軍の意思の疎通が大事だということだった。そして、チーム運営に関する認識を共有することも重要なポイントだと思った。私がそれまでに携わったチームでも、そこにどうしてもズレが生じてきたりした。そのズレをどうやって解消していくかである。

まずは、チームが勝つために何ができるか。そのために二軍の監督やコーチ、選手たちがどう対応していくか。

そもそも二軍にいる選手は、少しでも早く一軍に上がりたいと思っている。監督やコーチも一軍に上がる選手を育てたいと頑張っている。

どうしてもズレが生じてくるのは、この場面である。一軍に必要とされていない選手を育てても意味がない。一軍のサードに優秀な選手がレギュラーとして活躍しているときに、サードを狙う選手を必死になって育てても意味がないのだ。

「いま、どのポジションが足りないか」

「どんな選手がいたら、このチームはよくなるか」

そこを考えなければならない。

ところが、新しいことをやろうとすると、

「なんで？　去年も勝っているんだから、いまは別にしなくていいんじゃない」

と反発されることがある。その年に勝てなかったときでも、

「勝てないときもあるよ。なぜ今年ダメだっただけで変えようとするの？」

という反論も出てくる。

だが、それは違う。勝とうが負けようが、チームは毎年変わらなければいけないのだ。

なぜなら、勝つことと、勝ちつづけることとは違うからだ。去年と同じで勝てるかもしれないけれど、勝ちつづけることにはつながらない。「勝ちつづける」というのが、ほんとうの強さなのである。

「十連覇するチームをつくってほしい」

と要請されたら、勝ちつづけるチームをつくるよりほかに方法がない。

できるか、できないかではない。それにチャレンジすることが、重要な任務だった。

勝ち続けるチームを支える言葉／目次

01

監督の在り方は十人十色。だが、監督に緊張感がないとチーム全体の雰囲気が緩くなる。

もともと私には「監督はこうあるべきだ」とか「リーダーはこうすべきだ」という概念がなかった。とはいえ、福岡ソフトバンクホークスの監督に就任してからは、考えざるを得なくなったというのが本音である。

監督といえば、私の中には西武ライオンズの黄金時代を築いた広岡達朗監督のイメージが強くあった。広岡さんは選手を鍛える、強くすることを第一にしていたし、管理部長としての根本陸夫さんは優秀な選手をスカウトして、監督の意図を反映した選手をパズルのピースのように嵌《は》めていく。そうした役割分担みたいなものが、球団の中には必要なのではないかと感じていた。

ただし理想像はあっても、理想と現実とは違う。広岡さんと同じようにしたらいいというわけでもない。私は監督はもちろん、コーチの経験もなかったから、まずは選手たちを見るところからはじめた。

最初のうちは、

「自分の野球観を伝えればいいのではないか」

「試合に勝てれば選手たちはついてきてくれる」

と思っていたが、そうではなかった。

よくいわれるように「オレについてこい」という考え方もある。だが、新人監督として暗中模索しているうちに、少しずつわかってきたことがある。

それは、監督は図形でいえば円の中心に置かれた存在だということだ。

監督が真ん中だとすると、その周りにコーチがいて、さらにその周りに選手たちがいる。監督としての考え方や情報の伝達、共有に関しても、周りのコーチにしっかり伝わって理解してもらえれば、それが選手たちに伝わるときはもっと加速され、チームとしてもスムーズに回転していく。

ところが、中心にいる人間が緊張感のない緩い雰囲気でいると、コーチにも伝わって気持ちが緩くなり、結果的に選手たちの動きも悪くなってしまう。

そうならないために、どうすればいいか。大切なのはコミュニケーションを、より密にしていくことだと気づいた。選手たちのバックグラウンドもわからずに起用はできないし、選手自身の野球に対する熱意や努力も知らずに、私だけの思いこみで野球をしてはいけないと感じた。

「もっと一人ひとりの選手に寄り添っていこう」

と自分の考えが変わっていった。

選手を指導したり、育てるという考え方ではなく、選手に寄り添っていくこと。

リーダーとは、チームの「中心」としての自分がどうあるべきか、そこを問われる存在なのである。

02

自分の言葉が相手にどう響くかを常に意識しなければならない。

最近は「話し方」をテーマにした本がベストセラーになっている。

それだけ世の中は、会話やコミュニケーションに悩んでいる人が多いということだろうか。だが、言葉にして伝えるということは、たんに話せばいいということではない。

大事なのは、「相手に伝わる言葉」で話せているかどうかだ。

伝え方や話し方によって相手の受け取り方が違うし、こちらの考え方や想いが伝わらないことがある。


「言葉の過不足はないか」

「意味合いやニュアンスの違いが生じていないか」

「話の中身をどれほど理解してくれているか」

そこがポイントだと思っている。

話した言葉をそのままストレートに受け取ってくれる場合もあるし、「この言葉の裏に、何か別の意味があるんじゃないか」

と疑心暗鬼になるケースもあるだろう。

私が選手やコーチに話すときは、できるだけ「単純な言葉」「伝わりやすい言葉」を使うようにして、シンプルさを心がけた。

と同時に、それ以上に大切にしていたことは、

「嘘《うそ》をつかない」

「本心で話す」

ということだった。

たとえば代打を告げるときは、「頼むぞ」としかいわないが、前日に二番で打っていた選手の打順を七番に変えるときは、

「こういう考えがあるので、今日は七番を打ってほしいんだ」

と理由を説明して明確に伝える。なぜなら、本人は打順を落とされたと気落ちしてしまう可能性があるからだ。理由がわかれば納得してもらえる。

もうひとつ気をつけていたことは、ねぎらいの言葉である。

打順を何度も変えたり、守備位置をあっちこっちに変更したりした選手には、

「すまないな、苦労をかけるな」

という言葉を添えた。

また、あれこれと細やかな気遣いを見せてくれるコーチには、

「お疲れさま、助かったよ」

と声をかけた。
その言葉ひとつで、ストレートに想いが伝わる。
それは、相手の心に響く魔法の言葉ではないだろうか。

03

理想のチーム像に執着しすぎると、逆にチームは弱くなる。

監督として「チームを育てよう」という意識はなかった。

なぜなら、自分が理想とするチーム像をつくってしまうと、それがうまくいかないというだけでストレスになってしまうからだ。

だから、あらかじめチームのイメージを固めてしまうのではなく、

「個人の集合体が、どんなチームになるのか」

を予測して、どんな野球ができるのかを考えるようにした。その中で選手たちそれぞれの役割を考えることが大切なのだと思う。

たとえばチャンスに打ってくれる四番バッターや、信頼できるクリーンナップがいなくては理想の野球ができない、というのではない。適材適所でその選手たちの能力を見て、

「彼なら、この打順がいいのではないか」

「いや、今日はこのピッチャーだから、彼はこのあたりに移したほうがいいだろう」

などと考える。その日の選手の調子や、これまでのデータも含めて、その選手個人を理解していないと、打線もできないし、チーム全体もできていかない。

ピッチャーの場合も同じ。

「先発できるのが九人います。とりあえず六人で行こうと思います。あとの三人は力もあ

るし、長いイニングも投げられるのでリリーフに入れます」

これでは、チームとしてダメなのだ。リリーフのモチベーションも落ちてしまう。

選手個人の性格や調子の問題もあるが、基本的には「先発」「中継ぎ」「勝ちパターン」というふうに分担をはっきりさせないと、自分の役割が見えてこない。そこがあやふやになってしまうと、

「オレはどこで働けばいいんだ」

「どんな役割を持たせてくれるんだ」

ということになる。

役割が曖昧《あいまい》だったり、あっちへ行ったりこっちに来たりと不安定なのは、チームにとってけっしていいことではない。役割を明確にすることは、大事な要素なのだ。

言葉にすれば「適材適所」ということだが、ほかに「適所適材」という考え方もある。

つまりは、その人材にとって最適な役割を与えるか、あるいは役割に対して最適な人材を選ぶかという選択肢になる。

どちらが正しいとか、間違っているということではない。自分自身の捉え方や、選手たちがどう思っているかによって、柔軟に変えていってもいいのではないかと思う。

チームの要となる選手が怪我《けが》などで離脱してしまったときに、

「彼がいてくれたら……」

などと考えても意味がない。

いまいる人材で、どんなチームになるのか。どんな野球ができるのか。

彼らの性格や個性、これまでの成績などを把握できていれば、おのずとチームとしての野球のスタイル、戦い方が決まってくるのである。

04

情報がほんの少し足りないだけで
選手との間に
感情的な行き違いが生じてしまう。

二〇一五年に初めて監督という立場に立ってみて、それまで自分がイメージしていた監督像と実際の監督にはかなり違いがあるということを思い知った。選手時代には思いもしなかった気づきが、いくつもあったのだ。

選手に対する気遣いや気配りなど、どうすれば彼らの立場を理解してやることができるかを、改めて考えさせられた。

当たりまえのことだが、選手には一人ひとりの事情がある。体調を崩し、怪我や疲労が重なって治療中の選手もいる。だが、プロとしての彼らは、それをグラウンドでは見せないようにしているし、トレーナーにも報告していないことがある。

ある日、朝のアーリーワークに参加していない選手がいた。

私は彼の事情を知らないまま「おまえ、どうして出てこないんだ」と声を荒らげて叱った。すると彼は言い訳がましく、

「いや、まあ、今日は出なくてもいいかなと思いました」と答えた。反省の色が見えない彼に向かって、「君はレギュラーとして試合に出てないのに、ここで練習しなかったらどこで練習するんだ⁉」。追討ちをかけるように怒鳴ってしまった。

だが、他の選手から聞いたところによると、彼はそのとき怪我の治療に行っていたのだ

という。しかも、そのあと自主的にトレーニングをしてから球場に来ていた。

「あ、そうだったのか」

と初めて気づいた。彼としては「治療」という言葉を使えなかったのだ。

その後、彼を呼んで話を聞くと、

「ぼくらが痛いとか言えば、首脳陣としては二軍に落とすのが最初の選択肢になってしまうから、どうしても言えませんでした」と正直に答えてくれた。事情がわかって、

「なるほど。すまなかった、こっちの早合点だった」と私は素直に謝った。

ただ頭ごなしに怒鳴っていると、選手のほうは「怒鳴られた」という嫌な思い出だけが残って、心が離れていく。そうならないために、自分が悪かったら、とにかく謝ろうと思った。かつては私もやんちゃな悪ガキで、「オレは悪くないんだ」と開き直るタイプだった。

だからこそ、自分自身が変わらなければならないと思った。

人と自分は同じではないから、同じようにはできない。同じ考えでもないし、同じ野球もできない。選手は、自分なりにコンディションを整え、体のケアをし、トレーニングをしている。私が見ていないところでも努力しているのだから、それを知ったうえで判断し、

伝えるべきことを伝えなければならない。

リーダーである監督として、もっと情報を収集しておかなければいけなかったし、選手にどんなバックグラウンドがあるのかを知らなければならないと思った。

そうした情報不足が誤解を生み、感情的な行き違いが生じてしまうことにもなる。

この日以来、情報収集の重要性を改めて深く考えるようになった。

05

監督とコーチと選手が同じビジョンを共有しないとチームは強くならない。

プロ野球チームの場合、監督とコーチと選手との「距離」という問題がある。

組織の中にいれば、よほどのことがない限り、選手が直接監督に何か言ってくるということはない。だが、監督のほうから近づいてコーチと同じくらいの距離になると、コーチが決めるべきことを監督に決めてもらおうとする選手が出てくる。

だから近すぎるよりは、ちょっと離れて、選手との間には必ずコーチがいるというスタンスを守っておかなければならない。

ところが、それがうまくいかないケースが出てきてしまった。

福岡ソフトバンクホークスの監督就任後、コーチングスタッフは前と同じだったが、そこに「巡回コーチ」という形で、新しいコーチを入れて使った。メジャーリーグにも存在する「巡回コーチ」とは、いわゆるコーチとは別枠で、監督と同じ目線を持った人に二軍や三軍を見てもらう役目である。二軍、三軍の状態も含めてミーティングをしながら、

「どの選手を一軍に上げたらいいいか」

という話ができるコーチを別に置いたのである。

ところが、新しいことをやろうとすると、なぜか拒絶反応を起こす人間がいる。

「監督が代わっても、オレたちの野球は変わらないぜ」という想いがあるからだ。

福岡ソフトバンクホークスの場合、私が監督に就任した前年に日本シリーズで優勝したという実績があった。だから、コーチとしては「自分がコーチとして選手を育て、優勝できるチームをつくった」という自負もあり、

「そんなことしても……」

という空気が多少なりともあったのだ。それも自分だけならいいが、周りの選手を巻きこむように不満の輪を広げていったのである。

こういう人間がいると、たとえ才能あるコーチであっても、チームはダメになる。ビジネスマンのように会社という組織の一員であるという認識がないからだ。

野球というチームでも、コーチも選手も監督も自分の「仕事」をしているにすぎない。会社であれば、たとえリーダーが年下であったとしても、年齢や職歴などは関係なしに、指示には従うというのが当然だろう。

もしも、その指示に疑問や不満があるのなら、正面から問いただせばいい。

「監督のやろうとしていることがわからない。ちょっと教えてください」

「この指示は、なぜ必要なんですか？」

そう訊《き》かれたら、納得のいくまで話をしたいと思う。その上で「監督はこういうやり方

でチームづくりをしていくんだ」と理解して、自分に何ができるかを考えるのがコーチの役目ではないだろうか。

トップが代われば、部下としての対応も変わってくる。それが組織において必ず求められることだ。監督としては、どんな選手を育て、どんなチームをつくりたいかというビジョンを明確に思い描いている。しかも、それは目先のことだけではなく、五年後も十年後もそうあるために——。

監督とコーチと選手が一体になれば、チームは必ず強くなる。

06

自分を知り、チームを知り、自分ができることを理解していれば、自分がなすべきことがわかる。

あえていえば理想の野球とは、走・攻・守すべてに隙のないチーム、自分たちで考えて動く野球を実現できるチームである。

たとえ相手が対策を講じてきても、自分たちがしっかり対応してミスをしないこと。大切なのは、選手一人ひとりが「その先」のプレーをイメージし、複数のシミュレーションをしておくことである。

たとえば内野手の場合、

「このバッターだったらどんな打球がくるか。ボテボテが多いのか、それとも、いい当たりのライナー性が多いのか、ゴロで抜けていく打球が多いのか」

つぎに起こりうることをちゃんと自分で予測しておくこと。ショートやセカンドなら、キャッチャーの動きとか配球を予測して、

「このバッターには、たぶん外の変化球で仕留めにいく。だったら引っかけてここのあたりに飛んでくる」

そう思ったら、右バッターなら左側、左バッターなら右側にちょっとでも自分の体重をかけておく。そういう予測を立てなければならない。

外野手も同じこと。レフトやライトがキャッチャーの動きを見て、

「こういう動きをするときは外角で行くな」

そう思ったら、自分のところに来るかもしれないという構え方をしておく。予測が外れた打球まで捕れとはいわないが、予測できる範囲のボールだったら処理できるはずだ。

ランナーがいる場合、ファーストランナーが足の速い選手だったら、

「サードに投げるよりも、打ったランナーをセカンドに行かせないようにしよう」

そう頭の中で考えシミュレーションして、守りを固めるべきなのである。

選手自身が自分を知り、自分のできることをちゃんと理解していたら、自分がなすべきことがわかる。そうすれば、選手同士がお互いのアイコンタクトで、

「おまえはあっち行ってくれ、オレはこっち行くから」

と、ベンチが指示しなくても、みごとな連携プレーができてしまう。

相手チームが、この場面でどう動いてくるかを予測し、

「こういう打球がきたら、こう動く」

というように、ケース別に対応ができるようになるのだ。

誰がどう動けといちいち指示されなくても、全員が自分の判断で動き、かつその判断が一致するところまでチームの力を練りあげること。

チーム全体としてそれぞれの予測がうまく一致すれば、ほんとうに理想的な野球ができる。

そういうチームにできるかどうかが、勝つための成功法則なのだと思う。

07

完璧な人間などいない。ときには愚痴を吐き出させる場所も必要だ。

人にはそれぞれのタイプがある。

ピッチャーをリードするキャッチャーにも、いろいろなタイプがあるのだ。

私自身も多くのキャッチャーと組んできたが、試合の大事な場面で打たれたとき、「あの一球が……」と気にして自分のリードを悩むタイプもいれば、「結局、トータルではよかったんじゃないか」と平気なタイプもいる。

ある年、甲斐拓也捕手を試合で見ていて、「何かおかしいな、悩んでいるな」と気づいた。

具体的には言えないが、私はキャッチャーを見るときに、配球ではなく動きを見ている。その動きの変化で、悩んでいるなとわかったのだ。

彼の場合、どちらかといえば内にこもってしまうタイプだ。胸の内に溜《た》まっている不満や悩みを、なんとか吐き出させるようにできないかと考えた。

その結果、思いついたのが「交換日記」だった。

日記のやり取りで、彼の「本音」を知りたかったというのもあるし、ちょっとしたストレスの発散になってくれればいいなと思った。

「監督のバカ野郎」でも構わない。

「ベンチばかり意識してサイン出してました……みたいなことでもいい」そう伝えた。

「これは君とオレだけのもので、誰にも見せないから好きなように書いていい」と。

ところが、最初のうちは、

「ぼくが悪いんです」

「ぼくの配球ミスでした」

などと、自分が悪い、自分が悪いというふうに思いこむ、思おうとしている、そんな文章ばかり書いてきた。それに対して、

「君の本音はどうなんだ?」

「アウトコースの低めを要求したら絶対にゴロになると考えたんじゃないか」

「なのに、高めに来たからホームランを打たれたと思ってるんじゃないのか」

そういう本音を書いてこいよ、とアドバイスした。

またあるときは「ベンチを意識しなくていい」「リードのことに関しては、しばらく何も言わないから、自分の好きなようにやってみろ」と書いたこともある。

「ピッチャーが悪いんだろ?」「あれが低めに決まっていれば何てことなかったよな?」

などと慰めてやることもあった。

交換日記で彼の落ちこむ気持ちが少しでも楽になればいい、前向きになってくれればいいと思っていた。

書くことで、憂さ晴らしにもなればいい。

ビジネスマンだって野球選手だって、誰も完璧な人間などいない。みんな愚痴も言いただろうし、嫌なことも山ほどある。それを吐き出させる場所も必要なのだ。

交換日記でのやりとりが、しばらくつづいたとき、ある人から、

「最近の甲斐選手は変わりましたよね」と言われたことがある。

自信を持って投手をリードするようになった。

交換日記が、何かの役割を果たしてくれたのではないか、と思っている。

08

選手のために何ができるか。そのことに関して監督とコーチが対等に意見し合えることが大事だ。

チーム運営の要は、コーチだと思っている。

プロ野球において監督とコーチは、ビジネスの世界の上司と部下のような関係ではなく、少なくとも選手に関しては対等の存在だ。監督の考え方をコーチは理解したうえで、選手を育て、チームを成長に導いていくのである。

コーチは選手の動きをずっと見ている。選手の能力や、いまどのくらいまで調子があがってきているのか。練習して上達しつつあるのか、まだまだ目標まで達していないのか、そうした点も含めて把握しているのはコーチである。

たとえば、ユーティリティープレーヤーで内野をやっている選手に、外野もやらせたい。

「彼の調子から見て、どうかな？」

とコーチに相談すると、

「いや、まずセカンドの守備で考えているので、もうちょっと時間がかかります」

という。コーチの目から見れば、まだ守備力が確立していないし、肩もできていないという判断なのだろう。

「彼の守備範囲、守備の能力からすると、外野もできなきゃいけない。少しでも試合に出る回数を増やしてやりたいんだけど、どう思う？」

「あ、そうなんですね。じゃ、もう大丈夫だというときに伝えるようにします」

と、こちらの意図を察した答えが返ってくる。

そうした情報を吸収して、じっさいの試合に反映させていくのである。

ただし、希望を伝えてもらうときは、必ず私とコーチと選手の三人がそろっている場面にする。なぜなら、自分の希望をコーチに伝え、それをコーチがコーチなりの言葉で選手に伝えると、ときによって意味合いに「ズレ」が生じることがあるからだ。そこで、

「コーチとも話していたんだけど、君にはこういう役割を担ってほしい」

と三人の席で話し、その理由も説明する。

そうすればズレや誤解も起こらないし、細かなニュアンスも伝わる。

大事なのは、自分たちの考えを明確に伝えること、選手の役割を明確に伝えること。

「こうなってほしい、ああしてほしい」

と、いいことも悪いことも含めて、できるだけ正確にかつ明確に。むろん、それがシーズンの途中で変わるケースもあるが、そんなときは、

「こんなふうに状況が変化したから、変えることにするよ」

と伝えるのである。

監督やコーチが考えるべきことは、ただひとつ。

「選手のために何ができるのか」

ということ。

その方法を考えフォローするのが、チームの要であるコーチの役割である。

09

飛び抜けた能力がひとつあるなら、多少の弱点には目をつむるという判断も大切だ。

かつて野村克也監督が提唱した「ＩＤ野球」という考え方がある。勘や経験でプレーするのではなく、データを駆使して科学的に行われる野球のことだ。そうしたデータで見ると、当然だが数値のいい選手もいれば悪い選手もいる。だがそのデータだけを信用して頼ってしまうのはよくない。チームという括《くく》りの中で考えると、「データがよくないから、その選手を外して他の選手を使おう」

というやり方ではなく、

「その選手がチームにどんな影響を及ぼす選手なのか」

という視点が必要になってくる。

データ的にはよくなくても、どうすれば改善できるのかも見ていかなければならない。弱点は弱点として認めながら、どうやったら育ってくれるのかを考えることが、監督としての大事な仕事のひとつなのだ。

あえていえば、何かひとつに特化していれば、あとのデータは度外視してもいい。

たとえば、足の速い周東佑京選手を一軍に上げたときもそうだった。彼は一塁到達タイム３秒69の俊足である。守備では内外野を問わず複数のポジションを守れる「ユーティリティープレイヤー」でもあった。彼を一軍に上げるという私の決断に対して、

「いや、守備もバッティングもまだまだですよ」

という反対意見が多かった。

だが、なぜ周東選手を選んだかといえば、彼で「一点」が取れるからだ。たとえ守備やバッティングが多少劣っていても、速い走りに特化していれば、それでチームの勝利に貢献できる。だからコーチ陣に反対されても、あえて周東選手を使った。

俊足を活かして勝つことで、チーム全体にいい影響を及ぼすはずだし、彼自身の可能性を伸ばし育てていくことにもつながると思ったからだ。

それは二〇二三年のＷＢＣ（ワールド・ベースボール・クラシック）の日本代表選手に選ばれたことでも証明された。準決勝の対メキシコ代表戦で見せてくれた彼の活躍を記憶している人も多いだろう。

一点差で迎えた九回裏、一塁走者・吉田正尚選手の代走として出場。村上宗隆選手が打った打球に対して迷わずスタートを切り、一塁から全力疾走して本塁生還。みごとにサヨナラ勝ちを決め、日本代表の決勝進出に貢献した。

ひとつに特化した能力は、それがチームの勝利に貢献できるものであれば、十分に一軍で認められるし、世界の舞台でも通用する。

しかも、足で得点が取れるとなれば、チームの力が二倍にも三倍にもなる。
そうした選手を育てることが、チームを育てることにつながるのだ。

10

結果を支えるのは思考力。ほんとうの育成とは、思考力を身につけさせることだ。

選手の可能性を伸ばしていくために、知っておくべきことがいくつかある。

そもそも野球は、どうしても監督やコーチからの指示が多くなるスポーツである。ランナーが一、三塁のとき、ショート、セカンドだけでダブルプレーにするのか、三塁ランナーが走ったら、ホームでアウトにするのか。選手はコーチの指示によって動く。ところが指示することが多すぎると、選手は指示されることを待つという状態になる。自分で考えないようになってしまうのだ。

練習中はいいが、試合となると緊張して、ヒットエンドランの指示を出すと、

「打たなきゃいけない、結果を残さなきゃいけない」

「ここで打たないと二軍に落とされてしまう」

という思いが強く出すぎる選手もいる。

とはいえ「フォアボールを選べる人間になりなさい」という指示を出せば、思い切ってバットを振る長所を削ってしまうことにもなりかねない。ダメなところをなくすために、角を矯《た》めて牛を殺す結果になってしまうのだ。だから私は、ある選手に、

「真っすぐが来たら、空振り三振でいいから振ってこい」とアドバイスした。

「その代わり、インサイドのスライダーだけは一切振るなよ」

と、打席につく前に伝えた。

にもかかわらず、インサイドのスライダーを振って帰ってくる。で、私の顔を見たとたん、

「あっ、すみません」と頭を下げる。打席に入った瞬間に、人が変わってしまうのだ。

この選手の場合、かりに二軍に落としたとしても、一軍にまた上がってきたときに「打たなきゃ」の想いが先行して、同じように力んでバットを振り回すことになってしまう。

そうさせないようにするには、我慢して一軍に置いておいて、

「ああ、自分は必要な選手なんだ。普通にやればいいんだ」

と思わせるところまで持っていかなければならない。

監督としては、一軍で年間を通して、その選手がどれだけ大切な存在なのかを、冷静に見きわめる必要がある。単純に、打率が良いとか悪いとかいうだけで、二軍に落とすとか、良くなったから一軍に上げるといった判断をしてはいけない。

「自分は必要とされている」ということがわかれば、指示待ちではなく、自分でちゃんと考えてプレイできる選手になる。その「気づき」が、選手自身の成長を促す。

世間的には、二軍に落ちた選手が一軍に復帰して活躍すると、「育成がうまい」と評価

されることがある。だが、それは違う。
たまたま、いい結果を出しただけではなく、この先、いい結果を残しつづけるためには
どうすればいいか。それを、自分で考える方向性を指し示すこと。
それが、ほんとうの意味での「育成」につながるのだ。

11

選手ファーストとは、何でも受け入れることではない。

「選手ファースト」という考え方がある。

誤解があるといけないが、選手のいうことは何でも聞き、受け入れることが選手ファーストなのではない。ときには選手の意向に反してでも正しい方向に導くことが、ほんとうの意味での選手ファーストになる。

選手の愚痴や、不平、不満を聞いたうえで、「同調」するのではなく向き合う時間をつくるよう誘導していくことが大切だ。寄り添う方向を間違えてしまうと、とかく同調のほうに片寄ってしまう。相手の言うことに対して、

「そうだよな」

などと相槌《あいづち》を打ってしまうと、彼自身の主張や考え方が正しいと誤解されてしまう危険性がある。問題はその主張が正しいか正しくないかということではない。彼の想いはしっかり受けとめなければならないが、そこに同調してしまうのはよくない。

小さなミスならともかくも、大きなミスや故障といった問題が発生する前に、しっかりケアしてやることを第一に考えなければならない。

悩んでいる選手は、目の前の問題にとらわれすぎて、すぐに結果を求めたがる。最短でいい解決策につながることしか考えられなくなる。

「もっとうまくなりたいんです」

というが、体を強くし体力をつけていくためには、最低でも三か月はかかる。食べるものでで自分の体の中から変えようとすれば、半年、一年という時間がかかってしまう。

とはいえ、何でもかんでも否定するわけではない。昔は上から目線で無理やり意見を押しつけるケースも多かったが、私はやりたいことをちゃんと聞いた上で、まずはやらせてみるという方法を選んでいる。

プロ選手は一軍に上がることができて、はじめて活躍の場が与えられる。

その日をめざして練習をつづけながら、

「お父さんやお母さんに親孝行したい」

「高いお金をもらって最高級の車に乗りたい」

「将来はメジャーに行ってプレーしたい」

といった夢や欲望を抱いている。それはあって当然だし、自分の大きなモチベーションになったりする。だとすれば、ピョンピョンと一気に四段も五段も飛び越える安易な方法はないのだということは、伝えなければならない。

監督やコーチやトレーナーは、グラウンドでプレーすることはできない。グラウンドで活躍するのは、選手たち自身だ。彼らがグラウンドで最善のプレーができるよう力を尽くすのが私の仕事である。

彼らがグラウンドで戦うために自分に何ができるのか。どうしたら彼らが自信を持って戦い、長いプロ野球人生をつづけられるのか。

それを考えることが、ほんとうの「選手ファースト」なのである。

12

積み上げた自信が崩れるときは誰にでもやってくる。だが、心だけは折れてはいけない。

野球チームに限らずビジネス社会でも同じだと思うが、厳しい世界だからこそ、ピンチをチャンスに、あるいはそれをビッグチャンスに変えていく挑戦をすることが大切だ。

そのためには、つねに前を向いて自分自身を変えられるポジティブな思考を持つこと。

ピンチに立たされたときは、

「これは自分が成長するチャンスなんだ」

「ここを乗り越えたら、チームが変われるんだ」

というふうに意識を変換してほしいのである。

監督という立場からすれば、ふだんの練習態度や、スキルアップのためにどんな取組みをしているのか、自分をどう変えようとしているのか、そう思いながら選手たちを見ている。

たとえ試合で打たれたとしても、「行けーッ！」と声を出せる選手には期待ができる。

「彼は変われるチャンスをもらったんだ。さあ、明日からどんな行動をするのかな」

と楽しみに待つことができる。

勝負の世界では、勝つときもあれば、負けるときもある。負けたときにピンチをチャンスにする意識がはたらくかどうか。

ふだんどんなに練習しても、勝って自信がついたとしても、いつかはその自信が崩れるときがくる。悔しさに涙することもあるだろう。でも、心だけは折れてはいけない。

「いいか、見とけよ。つぎにこんなことが起こったら、絶対に乗り越えてやる」

そう思えるかどうかである。

心が折れてしまう人は、つぎにそういう場面に遭遇したとき、萎縮して以前のような力が出せなくなる。ピッチャーの場合なら、ビビッて及び腰の投球になってしまう。

その結果、真正面からの勝負を避けて、フォアボールで逃げるようになるのだ。だが本人は、逃げたとは口が裂けても言わない。

「攻めていったんですけど、ちょっとずつボールがズレて……」

ビデオで確認したら、ちょっとどころではなく、だいぶズレている。心が逃げているとストライクゾーンにいかないのだ。

だから、逃げるのではなく立ち向かっていかなければならない。その立ち向かう勇気を、ピッチャーはマウンドで身につける。バッターは打席で身につけるのである。

ピンチでくじけてしまうと、せっかくのチャンスが逃げていってしまう。それを乗り越えられたら、自分が変わる。だから、ピンチはチャンスなのだ。

レギュラーシーズンでチームが変わることができれば、クライマックスシリーズでは、よりビッグチャンスがやってくる。さらに、日本シリーズでビビらなくなったら、鬼に金棒、怖いものなしである。

そうなればチーム全体の「士気」も上がっていく。

13

個人にとっても
チームにとっても
大切なのは足し算ではない。
掛け算だ。

チームとして組織として動く上で、「掛け算」の組織をつくる必要がある。

たとえ各部署、各担当者がおのおの独立して素晴らしい動きをしたとしても、それぞれ方向性がバラバラで方針も明確でなければ、目標やゴールに辿《たど》りつくことは難しい。

チームというものは、人と人がつながって動いている。

だからこそ、それぞれがしっかり自分の仕事と向き合い、足し算ではなく、二倍、三倍と掛け算していけるようになれば、能力も高まるしチームも伸びていく。

では掛けるものは何かといえば、自分のスキルや野球観であり、知識や経験というものであったりする。

野球の練習は、苦しいうえに単調で退屈なものかもしれないが、それを黙々とつづけなければならないときもある。

「自分のルーティンをつくって、ちゃんと身につけておくこと」

「去年できなかったことは、しっかりクリアしておくこと」

「基本はしっかり守って、自分の土台づくりをしておくこと」

土台が広くなればなるほど、そこに積みあがるものもどんどん大きくなる。それがチームとしての掛け算になり、その積み重ねがチームの総合的な力を大きく強くしていく。

勝つことと勝ちつづけることは違う。勝ちつづけるには、つねに土台を大きくしていかなければならないのである。

「いまのままではつぎの年になっても、一＋一にしかならない」

「それを二や三にして掛けていけば、やがて六になり九になり十二になる」

勝ちつづけるということは、それをやりつづけることなのだ。

チームの中の個人個人がそうした努力をし、連携がうまくいくようになれば、全体的なレベルも向上する。そうすることで選手たちは、つぎのステップに踏みだすことができる。

「まあ、こんなもんでいいだろう」

と思っているうちは、進歩も前進もない。そうではなく、

「どこまでできるか、やってみよう」

という気持ちで、つねに新しいものを採りいれ、学びながら挑戦する。そうすれば、自分自身が変わっていくことができる。

「自分は変われる。変わっていける」

「いや、変わらなければならない」

そう自覚して、自分のスキルや知識や経験を「掛け算」で積み重ねていくこと。

変化に対応し、自分を変えることができれば、もっと強くなる。
「足し算」ではなく、「掛け算」でチームの力は何倍にもなっていく。

14

選手の殻を破るためには、あえて二軍で勝負させないといけないときがある。

「人間というものは一筋縄ではいかない」

と思い知らされたケースがある。

それぞれ考えていることも違うし、真面目な奴もいれば、やんちゃな奴もいる。

こっちがアドバイスすると、その場では「はい、はい」と話を聞いていても、まったく何もしない、いいかげんな奴もいる。

反対に、ちょっとダメ出しをしただけで、落ちこんでしまうタイプもいる。それはビジネス社会でも同じだろう。

となれば、その性格の違いによって、育てる方法やプランは大きく変わってくるというわけである。

聞くだけ聞いて何もしない選手には、ちゃんとチェック項目を共有して、

「あれ、やってるよな?」

と何日か後に確認をしておかなければならない。

しかも、一度だけでなく、何度か声掛けをしてやらなければ、結果にはつながらない。

こちらにも辛抱強さが求められることになる。

その反対に、こちらが何も言わなくても、ひとり黙々と努力する選手もいる。どちらか

といえば、負けず嫌いで反発心のあるタイプである。他人の意見を素直に聞くよりは、自分の世界を守りたがるのだ。

ただし、そうやって自分で考えるタイプの中には、なぜか育つのに時間がかかってしまう選手がいる。二軍という場所で活躍してはいても、なかなか大人になり切れない。プロとしての自覚みたいなものが生まれないのである。

では、どうするか。

そういうときは、思い切って、一軍で勝負をさせてやる。

「一軍という場に、ほんとうに自分が必要なのか」

彼自身に、そんな心の格闘を経験させることが大切なのである。

その格闘の中で、自分がどう前向きに挑戦していけるか、みずからチャンスを摑《つか》み取っていけるように仕向けるのだ。

実戦の場で、自分の努力が実を結ぶことができるかどうか。自分の力がどれだけ一軍で通用するかがわかってくる。

もしも格闘の末に負けたら、あえてまた二軍に落とすという対応をする。

そのときに、悔しさをバネにしてつぎのチャンスを狙い、一軍に戻れるような努力ができるかどうか。
ほんとうの負けず嫌いであれば、もう一度自分でチャンスを掴みに来るはずである。

15

選手が成長したら見守ればいい。だが、間違った方向に進んでいたら、軌道修正の手伝いをしないといけない。

監督時代に選手たちには「ホップ・ステップ・ジャンプ」の重要性を伝えていた。苦しい練習をして「ホップ」という段階をクリアできれば、つぎの段階に「ステップ」することができるし、大きな「ジャンプ」にもつながっていく。

そのときに、

「苦しいトレーニングに耐えたから、こんな結果が出たんだ」

「与えられた課題をクリアしたら成績アップにつながった」

といった成功体験につながることが重要だ。

その成功体験で自信をつけて、そこで満足する人間もいるし、成長するために「もっと頑張ろう」と思う人間もいる。

人それぞれだが、リーダーとしての立場で大切なのは、この場面でいったん手放すことである。

選手自身がその成功体験をもとに、つぎにどういうステップを踏もうとするのか、それを一歩離れて見届けてやること。つぎのステップで何が必要なのか、中間管理職たる監督として理解できているかどうか。

そこがポイントである。

ただし、それぞれ選択する道は違うし、同じようなことに挑戦しても、成功の仕方はみんな違ってくる。すぐにポンと結果に結びつく人もいれば、徐々に成果が実ってくるタイプもいる。結果も出たり出なかったりというケースもある。

ひとつのものが、ちゃんと自分のものになるまでには、時間がかかるのだ。

もしも選手が弱っている状態なのに、鞭《むち》を打つようなトレーニングをしたら、体は壊れてしまう。

どうやって成功の種を土に植え、花を咲かせてあげればいいか。せっかく種を植えても、土の養分がないところだったら、芽も出ないし花も咲かない。花を育てるにしても人を育てるにしても、手のかけ方は同じ。

野菜だって、放っておいたら虫に食われたり、雑草が周りに生えて、実がつかなくなってしまうことがある。だから、できるだけ手間ひまをかけ、花が咲いて実がなるまで、ちゃんと見守っているということが大切だ。

彼らが進んでいく道が、たとえ間違っていたとしても、花の咲き方や色が多少変わったとしても、それはその人の色であり育ち方なのだと思う。

リーダーとしてやるべきことは、間違った方向に行ってしまったときに、修正できるような準備をしてあげることである。
リーダーの資質として求められているのは、その点ではないだろうか。

16

チーム内の風通しをよくするには「監督にも気軽に話しかけていい」という雰囲気を作ることが大切だ。

ビジネス用語に「ほうれんそう」というものがある。

これは「報告」「連絡」「相談」の頭の文字をとった「報連相《ほうれんそう》」であり、ビジネス社会ではそれぞれが重要といわれている。もともとは一九八二年に、当時の山種証券（現・SMBCフレンド証券）の山崎富治社長が発案し、社内で「ほうれんそう運動」を始めたのがキッカケだといわれている。

それと同じように、私自身もチームの中の風潮や考え方を見直して、より風通しをよくする必要があると思っていた。と同時に、チーム内の共通認識とか、情報の共有を明確にしておこうという思惑もあった。

自分やコーチの意図したことが、ちゃんと選手にも伝わっているのか。あるいは自分と選手が約束したことが、コーチにも報告されているのかどうか。

「それは知りませんでした」

「私は聞いていません」

ということがないようにしたかったのだ。

では、風通しをよくするために、どうすればいいかと考えた。

そのひとつが、監督として選手たちに伝えたい重要なことは、紙にプリントして選手にもコーチにも配るということだ。そうすることで、同じ内容を全員が共有できるようにした。

また、チームに所属している者は、誰でも監督室のドアをノックする権利を持っていると伝えた。「あらゆる提言はいつでも歓迎する。チームの全員に発言権があって、話し合いの求めには必ず応じる」と約束したのである。

とはいえ、オープンな環境をつくろうとしても、監督室を自分でノックするのはちょっとハードルが高い。それをどうするかというのが、キーポイントであった。

「監督にこんなことをいって、いいんだろうか」

「個人的な相談など、ほんとうに聞いてくれるんだろうか」

「本音を喋《しゃべ》ったら嫌われるんじゃないか、使ってもらえなくなるんじゃないか」

そうした不安や心配も当然あったと思う。

そんな中、あるピッチングコーチが、

「相談があるんですけど、ごはん食べたあと部屋に行っていいですか」

と声をかけてきた。

「相談というより、一緒に飲みたいんだろうな」

と思って、酒を用意して待っていたら、飲むだけ飲んで帰っていった。

いったい相談というのは何だったのだろうと苦笑したが、監督室が憂さ晴らしやストレス発散の場になってもいいのではないか。

「気軽に話しに出かけてもいいんだ」

という雰囲気をつくることが大事なのだ。

それがチームの風通しをよくすることに、多少なりとも役立ったのではないかと思っている。

17

選手が何かに気づこうとする想いを受け止め、「どこまで待てるか」が勝負だ。

チームのリーダーとして、大切にしなければならないのは、選手たちへのリスペクトだと思っている。

選手たちは、私と同じ考えで野球をやっているわけではない。おのおの大切にするものも違っているし、いま大事に思うこと、いまやらなければならないことも異なっている。

選手一人ひとりが違うのだから、それぞれへのリスペクトを基調として、対応の仕方や言葉づかいにも気を配る必要がある。

叱り方にしても、同じだ。選手が考えられないようなエラーをしたときも、その場では叱らずに、一日しっかり考えるようにした。

「何があったのだろう」と、まずは彼のバックグラウンドを知ることを優先した。

そして、つぎの日。どうしているのかなと見ていると、コーチと相談して練習をしている選手もいれば、何もしていない選手もいる。

「昨日のエラーのこと、何か言いにきた？」

コーチに尋ねると、とくに何も言ってきていないという返事。

「どうするつもりなのかな？」

と思っていると、その日の試合が終わったあと、

「明日は、この練習をしたいんですけど……」

と、選手のほうからコーチに言ってきた。翌日はアーリーワークの予定がある日だったから、そのときに練習をするつもりなのだろうと思った。ところが、

「いや、それよりもちょっと早く来てください」と言ってきたという。

翌日、約束どおり早めにグラウンドに行った。

すると、コーチがノックし、エラーしたボールの捕球を反復練習している。私は何も声をかけず、黙って見ている。こういうときは、ただ見ているだけでいい。

選手本人が「やらなければいけない」と思って、自主的に練習する気持ちになることが、いちばん大事なのだ。

こうしたケースで、監督の私が、

「捕球練習をやれ」と指示するのは、正直言って簡単である。

選手がどうするのか「待つ」ことのほうが、じつは難しい。

待ってあげることによって、選手もいろいろ反省点を考える時間を持つことができる。

最初は「クソー！」と思った一日だったかもしれないが、つぎに同じようなエラーをして、最終的に試合に負けたときには、

「ああ、もっと守備の練習をしなきゃいけない」と練習不足が心に染みるはずだ。

そこがわかれば、自主練習にも身が入るというものである。

選手は誰だって、少しでも成長したいと思っている。みずから行動を起こし、いつもと違うことをやって、自分で何かを気づこうとする。

その想いを受け止めて、どこまで「待てるか」がほんとうの勝負である。

18

異変に気づいたら選手と話す。嫌がられても、二回、三回、四回と話せば、選手を思う気持ちは必ず伝わる。

野球のボールには、かなり個体差がある。人の手で一個一個を縫い合わせているので、1グラム重いとか1ミリ大きいとか、そういう差は持った瞬間にわかる。

温度によってもボールは感じ方が違う。子どもの頃から「教室で勉強しているときもボールを握っていなさい」と親に言われたので、その感覚は自然に身についた。

そのせいかどうか、新人投手を前にしたとき、彼らの個体差や個性が何となくわかるのだ。彼らに最初に訊くことは決まっている。

「得意なボールは何か？」

「どんな選手になりたいのか？」

「最終的な目標はどんなことか？」

その答えから逆算して、何から始めたらいいかを考えるのである。

監督時代に意識していたのは、「一年間はまず様子を見て、ピッチャーに関しては手を出さない、手をつけない」ということだった。あれはダメだ、これはダメだとは言わず、彼らのいいところを引き出すことを基本としていた。

とはいえ、一年間という期間は長い。早いうちに手を打たないと、フォームがバラバラになったり、「どうやって投げていいかわからなくなりました」ということにもなる。

一年で何も大きな悩みにぶつからない選手もいれば、半年ぐらいで悩む選手もいるし、たった三か月で悩みはじめる選手もいる。全員が同じではない。十人いれば十人違う。

監督としては、その見極めがしっかりできるようにならなければいけない。

「打たれたことが原因なのか」

「ストライクが入らなくなったことが悩みなのか」

仕草がおかしい。態度がおかしい。練習をしていても気持ちが入っていない。そのタイミングで、ちゃんと話す時間を設けてやることが必要である。

だが、それが一回ですむかといえば、そんなことはない。二回、三回、四回、五回と話をしていくあいだに、だんだん心を開いてくるものだ。

「知られたくない」という思いもどこかにあるから、どの場面で本音が出るかもわからない。最後まで言わないかもしれないし、途中からウザいなと思われるかもしれない。

でもほんとうにその選手のことを考え、少しでも悩みを解決してやりたいという気持ちは伝わると思っている。何度も話しているうちに、

「ウザいな、またかよ」

と思われたとしても、そのときの言葉をどこかで思い出して、気づいてくれるはずだ。

選手にはそれぞれの能力や才能がある。その引き出し方を見つけて、どうやったらそれを伸ばすことができるかを考えること。

ひとつでも伸びが実感できると、選手のモチベーションが上がり、成績もよくなっていくのである。

19

待っていても、変化は訪れない。「変わりたい」という想いを強く持って、自分から動かなければいけない。

現役時代は「前後裁断《ぜんごさいだん》」という言葉を座右の銘にしていた。

これは曹洞宗の開祖である道元禅師の『正法眼蔵』や、江戸時代に活躍した臨済宗の名僧・沢庵禅師の言葉にも引用され、「過去も未来も裁ち切り、いまに集中すること」を説いたもので、「前後際断」とも書く。

過去をくよくよ引きずるのではなく、未来を憂えて取り越し苦労するのでもなく、いまこのときを生きよという意味である。

自分の現役時代は、まさに一年一年が勝負だと思っていたし、過去の自分にとらわれず、目の前の一試合一試合に集中しようと戒めていた。

とかく人間は過去の実績にこだわったり、過去の栄光にすがってしまったりする。だが、持つべき「プライド」と、捨てなければならない「プライド」がある。捨て去らなければいけない「プライド」は、前を向いて進んでいこうという人間にとって邪魔なものなのである。

プロ野球もビジネス社会も、自分自身の過去の実績や誇りはともかく、人に評価されてこそ認められる世界なのだ。

周りの人々から、

「あ、こいつは実戦でつかえるな」

と思ってもらえて、初めてプロとして存在できる場所なのである。

「自分は、これだけできるんだ」

という思いこみだけでは活躍の場は与えられない。

監督という立場に立つことになったときも、

「長いプロ野球生活を送ってきたのだから、自分の考えは正しいんだ」

という妙なプライドを持ったままだったら、何も変わらなかっただろうし、それ以上前には進めなかったと思う。そこが理解できているかできていないかが、大きなターニングポイントになる。

みずから変わりたいと思わなければ、何もはじまらない。

時代や状況の変化を受けいれるだけではなく、自分のほうから進んで変わっていくことが必要なのだ。

「自分はこれでいい、このままでいい」

と自己満足し、その場に留まってしまったら、周りの変化には対応できない。

「自分自身が変わっていこう。もっと学んでいこう」

と思わなければ、「前後裁断」という生き方もありえない。

そうした「気づき」が、リーダーたるものに必要な資質ではないだろうか。

20

リーダーは、「自分」を優先させてはいけない。

リーダー的な人にありがちなのが、上から目線でものを言うことである。

野球でも監督は偉そうに見えるかもしれないが、じっさいは偉いわけでも何でもない。試合やシーズン中の方針などについて、いろいろな選択肢の中から最終的な決断をし、その結果によっては責任をとる立場にいるというだけの話である。

「これで行こう」

という監督のゴーサインには、みんなが従ってくれる。そのあたりがちょっとした誤解のもとなのだろう。私自身も現役時代は、

「監督って、ぜんぶ自分の思い通りにできるから偉いんだ」

と思いこんでいた。

だが、思い通りにやるということが、そもそも間違いだ。むしろ監督は「自分の思い通り」に、やってはいけないのである。大切なのは、

「選手を活かすためにどうするか」

「勝つためには何をしたらいいか」

それを最優先で考えることである。

「自分の」という言葉が先についたら、アウトだと思っていい。「自分の」ではなく、「選

手の」とか「チームの」「ベンチの」ために、どう働けるか、何ができるか。主語になるのは「自分」ではないのだ。

選手やスタッフのことを第一に考えたら、上から目線ではなく彼らと同じ目線で話すことが大事だと思うようになった。

そこで選手の性格を知り、選手の好きなこと、趣味や得意なことなどを把握するために、機会を見つけて話しかけ、雑談をしたりした。

「練習のあとは部屋で何してるの？」

と訊くと、

「韓国ドラマにハマってます」

「ゲームやってます」

といった答えが返ってくる。

彼らがハマっているものはどういうものだろうかと、韓国ドラマをチェックしたり、同じゲームをやってみたりした。話してみなければ、知らないままだったと思う。

ところが同じ格好でゲームをつづけたり、ドラマを観つづけたりすると、首や背中が痛くなったりする。自分で経験してみてわかった。ドラマを観るな、ゲームをやるなとは言わない。

「でもキリのいいところで、一分でも二分でもいいから体を動かしてくれ」

とお願いした。

そうして同じ目線で話すことで、彼らとの関係性がより深まったようだった。

リーダーに求められるのは「自分」を優先させることではない。チームのために、選手のために、何ができるかを考えることである。

21

勝利への想いは相手も同じ。それを上回るほどの準備をしているかどうかだ。

メディアからのインタビューで、「理想とする野球は？」と訊かれたことがあった。

それに対して、

「たとえば、こういう攻撃の形が多いとか、守備のパターンはこうだとか、こんなピッチャーの代え方をするといったスタイルをつくりたくない」

と答えた。

野球は一試合一試合みんな違っていて、千差万別、同じ試合は二度とない。選手の力量、調子の良し悪しを見きわめて、そのときどうするのがベストなのか選択していくしかないのだ。攻撃や守備のスタイルが見えると、どう動くか相手に読まれてしまう危険性がある。そうならないためには、むしろ、

「何をやってくるかわからない」

と思わせたほうがいい。

勝ちつづけるための特別な秘策とか方法論があるわけではないが、より高いところを目指すためには、それに対応するやり方を考えなければならない。

去年優勝できたからといって、今年も同じことをしていたら優勝できるはずがない。相手チームだって、勝つためにとことんデータを集めたりして、ピッチャーや打者への対応

策を練ってくる。

となれば、自分たちはその上をいく対策を準備する必要があるし、こちらのペースに巻きこんでいく作戦も考えておかなければならない。当たりまえのことだが、

「こうすれば野球は勝てますよ」

といったセオリーなど、どこにもない。

そこをちゃんと理解できているかどうかで外野手の動きも変わるし、内野手の連係プレーも変わってくる。

捕ってすぐ1ステップで投げるのか。どこへ投げるのか。三塁ランナーの走力だったらホームは間に合わないけれど、二塁ランナーのサードには間に合う。一点はやるかもしれないけどつぎの点は防げる。その判断を間違えて、あわててホームに投げて一点を与え、なおかつ走者三塁でピンチになるのか。その一瞬の判断で試合は変わってしまうのだ。

また、一点負けているのと二点負けているのとでは野球のしかたが変わる。

九回裏で一点ならばバントでいいけれど、二点負けていたらバントはできない。そこで使う代走も一点取りたいならいちばん速いランナーを出せるけれど、二点負けているときは速いランナーから先には出せない。

とはいえ、送りバントで一点しか取れないというわけでもない。データを使ったり、選手の調子を判断して、勝てる確率が高い答えをどう導きだしていくか。そのときの選択は、まさに賭けでもある。

監督としては「まず一点」というまえに、臨機応変・変幻自在に相手の意表をついて、「何が起こるかわからない」

という野球の面白さを伝えたいのである。

22

やるべきことに
取り組む時間を与えるためにも、
チームの目標は
早めに伝えることが重要だ。

チームとしてのモチベーションを維持するために、「短期」「中期」「長期」といった目標を持つことが大切だと思っている。

「短期」なら三連戦で勝ち越しを狙う。「中期」ならオールスター戦までに貯金を十五とか二十にしておく。「長期」ならリーグ優勝し、日本一になる。

そうした目標を設定しておけば、選手たちは自分がやらなければならないことが明確にわかるようになる。それがチームとしてのあるべき姿であり、集中力を高める方法論でもある。

では、それをどのタイミングで伝えたらいいのか。私の場合はシーズンが終わったらすぐに伝えるようにしていた。選手からすると、

「えっ？　シーズンが終わったばっかりで、やっとホッとして休んでるときに、なんで来年のことをいうの？」

と反発したくなるかもしれないが、これはチームとしていちばん大事なことなのだ。

大事なことは早めに伝えることが重要で、選手たちが優勝してホカホカの状態のときに、しっかりと伝えるべきことは伝えておく。そして、やるべきことを自分たちで考えさせ、その時間を与えること。

「今年勝ったから、もういいよ」ではなく「今年勝ったんだから、来年はどうつづけるか」

監督やコーチが答えを出すのではなく、どんなチームでありたいのか、彼ら自身に考えさせるのである。

本来は、選手たちが自分で自分の能力を上げていかなければならないのだが、それにプラスアルファとして、私たちがアドバイスしていく。

「君にはこんな能力も才能もあるんだよ」

「ほんとに、自分にできますかね？」

「ああ、できるんだよ」

そう信じさせてあげることも大切だ。反対に落ちこんでいる選手には、

「落ちこんだら調子がよくなるのか？　しっかり前を向くしかない。練習するしかない。それ以外によくなる方法はあるのか？」

「ないです」

「そうだよな。落ちこんでいるのは時間の無駄なんだ」

そうして対話しながら、選手が考えて何か試したいといってきたときには、

「結果は問わないから、やってみなよ」

と肩を押してやる。

すると、自分がやりたいことを監督は認めてくれた、という信頼関係が生まれる。そして、それは他の選手たちにも伝わる。すると、

「自分もこんなことをしたいんですけど……」

といってくる選手が出てくる。

大切なのは、つねにプラス志向で、けっしてマイナス志向にならないように気をつけること。そうした雰囲気はチーム全体に浸透していく。

個々の選手が育てば、チーム全体が育っていくのである。

23

煙たがられ嫌われたりしても苦言を呈してくれる人間がいちばん大事な存在である。

プロ野球界は実力の世界である。新人が育成選手として入ってきて、何も成果があげられなければ、二年でクビになってしまうこともある。

日本は比較的恵まれているが、メジャーリーグ傘下のマイナーリーグの場合はもっとシビアで、球団は「ミールマネー」という食事代だけを提供する。

一日あたり二十五ドルほどで、それで三食を賄うことになるから、ハンバーガー程度しか食べられない選手が多い。したがって、マイナーリーグは「ハンバーガーリーグ」とも呼ばれるほどである。しかも保障はなにもない。

「君はもう要らないよ」

と宣告されたらそれまでである。

育成選手たちが、いま足りないところを訓練しても、登録選手となるための実力が一年や二年では身につかないかもしれない。たまたま間に合って本契約にいたる選手もいるけれど、そのまま終わってしまう選手も多いのである。

そうならないためには、厳しいトレーニングや練習をして、それなりの成果を自分のものにしなければならない。まずは基本の体を鍛えること。体力がないことイコール、技術が身につかない。技術がないことイコール、プロ野球では通用しない。単純なことだ。

彼らにとっては、そんな単純なことも含めて見えないことがたくさんある。

目の前のスリガラスの向こうに何があるか。木すら見えない。花も見えない。山も川も、広い湖や、そのもっと向こうに海があるのも見えていない。

プロに入って、最初はそんな状態で歩くことになる。たいていの場合、

「目標は一軍だ。あの山を越えたら公式戦に出られるぞ」

とみんなが思う。ところが、一年も経たぬうちに霧がかかり、山も川も何も見えなくなってしまう。その霧を晴らしてやらなければいけないし、

「足下を見なきゃいけない。どこに落とし穴や沼があるかわからないよ」

と教えてやる必要もある。

「道はそっちじゃない。そこは遠回りで、あっちは崖だから、こっちに行こう」

そういって、道を示してやらなければいけないときもある。

だからこそ、苦言を呈してやれる人間がいちばん大事な存在なのである。ときには煙たがられたり、嫌われたりするかもしれない。だとしても、

「プロの世界は甘くはない。この方向でしっかりやっていこう」

そんなふうに、迷い道を断ってやらなければならないときもある。

私は何を見ているかというと、彼らの未来しか見ていない。だからこそ、厳しいアドバイスもする。

ハンバーガーで満足していたら、進歩も成長もないのである。

24

小さな一歩の積み重ねが人の動きを変え、ものの見方や考え方を変えていく。

何事においても大切なのは継続する力である。

野球界だって長く活躍できる選手は、才能や実力もさることながら、何よりも苦しい練習を継続できる人間だと思っている。

私の場合、あるとき先輩である西武ライオンズの東尾修さんから、

「いつまでもストレートとカーブで通用すると思うなよ」

といわれたことがある。そのときは「ああ、まだ二～三年は大丈夫ですよ」と答えたのだが、なんとつぎの年から打たれ出したのだ。

「これは、ヤバい」と本気で思った。

そこで本人が気づくか気づかないか、やるかやらないか。私は手遅れになるギリギリ手前で、自分の新たな武器を磨くこと、厳しい練習を継続することの大切さを、身をもって知った。そのおかげで、自分の考え方、生き方を変えることができたのだ。

とはいえ継続するというのは、たやすいことではない。一時的な努力は誰でもするが、それをずっと継続するということはなかなか難しい。

では、どうすればいいのか。

私の経験では、継続する力というより、小さな習慣の積み重ねだと思っている。最初は

小さな一歩でいい。

「今日からこの練習を始めよう」

そこからスタートして、その一歩がつねに同じようなペースでできるようになったら、つづいてもう一歩。それができたら、さらにもう一歩。習慣としてしっかり身につくまでやりつづける。

このとき重要なのは、最初の一歩から高い目標を設定しないこと。比較的クリアしやすい目の前の目標に向かって踏み出し、達成できたらつぎのワンステップに向かうのだ。その連続が大きな意味での継続力になる。そうなれば、

「あ、いつの間にか自然に動けるようになってきた」

と実感が湧いてくる。

それはたとえば、ビジネスマンの場合でも、専門的な本を読む機会をつくるとか、違う分野のビジネスについて学ぶとか、自分の仕事で新しい挑戦をするといったことにも応用できるはずだ。

私はルーティンといっているが、その一歩一歩の積み重ねが自分自身の習慣となり、人の動きを変えたり、ものの見方や考え方を変えていく原動力になる。

小さいことから始めればいい。

「よし、行くぞ」

と決めたら、小さな一歩を踏み出すことである。

25

リーダーが変わらないと、チームは変わらない。

福岡ソフトバンクホークスの監督に就任して二年目を迎えたころに、自分の中でいくつかの変化が生まれた。

いや、変化というよりも、

「変えなきゃならない」

「変わらなければいけない」

と思ったのだ。

なぜかといえば、ベンチの雰囲気をいい状態に保つには、何が起こっても監督はつねに冷静でいなくてはならないとわかったからである。

コーチが怒鳴ったり、あれこれ言ったりしても選手はあまり気にしない。

「ああ、また言ってるな」

というくらいの感覚なのだろう。

だが、監督が大声を上げただけで、ベンチの雰囲気が一瞬にして悪くなってしまう。そこを何とかしなくてはと思った。

私は、日頃からみんなに、

「元気に明るく、負けていいようが何だろうが、とにかく明るく元気でいよう」

と言いつづけていた。

ベンチが明るいと、たとえ負けていても、なぜか勝てそうな雰囲気があったりする。逆に勝っていても、ベンチが暗くなると、だんだん逆転されそうな雰囲気になっていくのである。勝負事には、メンタルが大きく影響してくる。

だから、カラ元気でもいいから、明るくしていることが大事だと思っている。

それなのに、私自身が感情的になって厳しい一言を発すると、

「明るく元気になんてなれませんよね、これじゃ……」

「なんか、どんよりしてますよね」

という無言の空気が、ベンチ内に漂うのだ。

自分でも気づいて反省したが、それくらいベンチの雰囲気というのは、微妙かつ繊細なものなのである。

「あ、これをやっちゃダメなんだ」

「だとしたら、自分が変わらなければいけない」

そう気づいた。

監督だからといって、何をしようと許されるわけではない。

チーム全体のことを考えれば、むしろリーダーみずからが気持ちを整え、変わっていかなければならない。

26

データは大事だが、それだけで選手の評価はしない。

監督という立場は、シーズンの「結果」が大きく問われる。どんなに立派な理想を掲げていても、その結果次第では出処進退を考えなければならなくなる。

重要なのは、しっかりとした信念を持ち、自分がやりたい野球とは何か、目指す野球はこうだという自分のスタイル、戦略や戦術を持っていることだと思う。監督であるからといって、別に威圧的でなくてもいいし、先頭に立って「みんなついてこい」という必要性もない。

選手の起用法に関しても、いかにフラットな目で選手を見られるかが大事なポイントになってくる。

「このチームは、いったいどんなチームなのか」

「どんな雰囲気で野球をするのがチームにとってプラスなのか」

それをちゃんと見極めることである。

たとえばチームにいる選手は、野球のスキルも性格も千差万別だ。雰囲気を盛り上げてくれるタイプ、若い人にアドバイスしてくれるタイプ、いざとなったとき一言でみんながついていくタイプなど、さまざまな個性を持った人間がいるものである。

そうした選手と、ほかの選手とも同じようにフラットに付き合いながら、

「あいつのこと頼むな」

「ここぞというときに、よろしく」

「ベンチを明るくしてね」

といって個人的に頼りにすると、いつの間にかチーム全体がまとまってくる。

むろん、選手本人の実力とか野球スキル、これまでの成績を無視するわけではない。そうしたデータだけで選手の評価をしないということだ。

そうした目で周りを見わたすと、チームのために私利私欲なく尽力したり、落ちこんでいる選手をさりげなくフォローしてくれる選手もいる。

ある程度の年齢になればなったで、若手に苦言を呈したり、いいアドバイスをしてくれるベテランもいる。

ベンチの雰囲気をよくしてくれる、みんなをまとめてくれる、そんな選手がいてくれることも、チーム全体のことを考えれば、貴重なのである。

いろいろな才能や能力のある選手があちこちに存在していることで、相乗効果で大きな

輪になり、大きな塊ができあがる。
その結果、チームの力が大きくなり、選手たちの絆《きずな》も強くなっていくのである。

27

繊細な相談をされるレベルまでの信頼を得るためには、どんな小さな約束でも守らなければならない。

監督二年目の二〇一六年は、残念ながらクライマックスシリーズのファイナルステージで北海道日本ハムファイターズに敗れ、日本シリーズ出場を逃してしまった。

悔しい想いをしたが、そこから学んだことも多い。いちばん重要なことは、コミュニケーションの重要性に気づいたことだ。なかでも選手やコーチ、トレーナーとのコミュニケーションが、いかに大事かということを改めて教えられた。

たとえば、トレーナーからの報告としてあがってきていないマル秘情報もある。トレーナーは選手のトレーニング指導をはじめ、健康管理、体づくりなど、幅広いサポートをするが、監督やコーチなどのスタッフとも連携して選手をバックアップする裏方的な存在でもある。選手は自分の体調が気になったり怪我をしたりしても、トレーナーには、

「これは絶対に報告しないでくださいね」

と言っているケースがある。

だが試合に勝つためには、そうした隠れた情報こそ、知っておかねばならない。とはいえ、トレーナーも「報告しないでください」と口止めされていることを、告げ口みたいに話すことはできない。監督としては教えてほしいが、そこが難しいところだ。

「なんとか教えてくれないか?」

「いや監督、選手に知られると困ります」

「絶対に言わないと約束するから」

そんなやり取りがあって、公式な報告にはなかった投手の貴重な情報を手に入れることができた。その結果、「いまの状態だと、先発で出すのは仕方ないですが、五回ぐらいで代えてもらいたいです」という話になった。

「わかった。じゃ五回ちょうどか、六回の頭で打たれたら代えるとか、それで大丈夫か？」「それでＯＫです。とにかく五回ぐらいまでで、なんとか……」

ここは毎日その投手を見ているトレーナーの意見を尊重した。

ところが、そうした事情を知らない投手からすれば、

「なんでオレが五回で代えられるんだよ」という不満が出る。

それに対して、あらかじめ代える理由も考えておかなければならない。トレーナーに聞いたことは誰にも伝えていないから、コーチからも、

「監督、この場面でどうして代えるんですか？」と問い詰められた。

こういうとき、投手の気持ちもフォローしてやらなければいけないし、トレーナーの立場も守らなければならない。むろんコーチの疑問にも答えなければならない。

監督としての覚悟を問われる正念場である。

「ちょっと疲れてるみたいだから、早めに代えてやろうかなと思ってね」

などと苦しい言い訳をした。

試合に勝つためには、トレーナーをはじめスタッフとの確固たる信頼関係と、緊密なコミュニケーションが必要なのである。「絶対に言わない」と約束しても、すんなり信用してもらえるとは限らない。コミュニケーションをとりながら、私の言葉を信用してスタッフが相談に乗ってくれるようになるまで、じつは三年もかかった。

指揮を執るリーダーとして、絶対に守らなければならない「約束」もあるのだ。

28

「自分が思うようにやってごらん」と選手やコーチに言うからには、「ダメなら自分が責任をとる」という覚悟がないといけない。

チームとしていちばん大切なことは何か。

それは、選手をはじめコーチやトレーナーたちがふだん努力していることを、まずは認めてあげること、つまり「承認」というプロセスが大事だと思っている。

ただしゼロから全部100％を信頼する、何も聞かないでそのまま承認するという意味ではない。

球場にいても彼らのすべてが見えているわけではないし、それぞれが見えないところで動いているケースも多い。

「選手は何を目的に練習をしているのか」

「コーチはどんな指導をしているのか」

「トレーナーはどんなサポートをしているのか」

その情報を見聞きし、話し合って、まずは彼らのやっていることを認めたうえで、

「何か問題が起こったら、必ずこちらで責任を取るから。自信を持ってやってください」

という承認をする。それが球団から与えられた監督としての立場だと思っている。

選手やコーチやトレーナーたちの中には、

「自分はこのポジションで大丈夫だろうか？」

「責任者を任されたけど、やっていけるんだろうか?」

「いま、このタイミングで自分は何をすればいいんだろう?」

といった不安を持っている人が意外に多いのも事実である。

そんな不安が垣間見えたときには、

「それでいいんだよ」

と背中を押してあげればいい。

「大丈夫だよ。そのまま行ってごらん」

と言ってあげたら、ふっと心の霧が晴れて、じゃあ行こうかという気になるものだ。

何かをしようとする途中で、

「失敗したらどうしよう」

と悩むこともある。だから、自信を持ってもらうためにも、

「そこは監督として責任を取るから、好きにやっていいよ」

と、肩をポンと叩《たた》いてあげることが大事なのである。

もしも、彼らの思い通りにならずに失敗したら、その責任は私にある。それで監督としての進退を問われたなら、辞めるしかない。

それくらいの覚悟を持ってやらなければ、チームをまとめることはできない。みんなが努力していることをまずは「承認」する、というプロセスを経ること。そこから新たな気づきが生まれ、信頼感も育っていく。

29

やがて来る世代交代のために、二軍や三軍の選手が育つための手を早めに打たないといけない。

チームも組織も成長するためには、つねに流動的でなければならないと思う。どんなに清らかな水でも、停滞していればやがて濁ってしまう。

そこで、チームをより強くするため、強くありつづけるために「循環型」のチームづくりを考えた。それは現在活躍している一軍の選手たちではなく、これからのチームを背負っていく二軍、三軍にいる選手たちを「どう育てていくか」という問題である。

チームというものは、いつの日か必ず世代交代が起きる。

「そのときに生ずる穴をどうやって埋めていくか」

「そこを補う選手たちをどのように育成していくか」

「一軍への昇格に向けて、どんなスキルを身につければいいのか」

それをしっかり伝えられる人材が必要になってくる。

その仕事に最適な人は誰かといえば、やはりコーチということになる。一軍の選手を見ているコーチが「巡回コーチ」として二軍に出かけたり、三軍に行くことで若手の成長を促進できるのではないかと思ったのである。

一軍の実情や厳しさを知っているコーチであれば、

「こういう能力を磨いていけば、一軍のチャンスがあるよ」

「こんなスキルを身につければ、一軍で活躍できるよ」

と明確な指示を与えることができるはずだ。

じつは私の新人時代にも、能力も才能もある選手はたくさんいた。けれど、それをうまく活かすことができずに、二年目、三年目と経つうちに悩みぬいて、結果的にはクビになるか辞めていった。

自分自身で答えが見つからないし、何をしたらいいかもわからないのだ。

将来に希望を持てずに、やる気がなくなるから練習にも身が入らない。目的意識を話しても、それを意識した練習ができない。ただ投げているだけ、ただ走っているだけ、ただトレーニングしているだけ。

そういう選手たちに、

「ああ、この練習をやればいいんだ。この技術を磨けばいいんだ」

「まずはここからやってみよう、そうすれば次のステップに行けるんだ」

と気づいてもらうには、コーチのきめ細かな援護射撃が必要不可欠となる。

「ここを改善したら、チャンスがあるよ」

とアドバイスしてもらえる環境づくりが、何よりも重要だ。そう考えて、一軍を経験しているコーチを、わざと二軍や三軍に行かせて「循環」させることにした。

そんな「循環型」の組織づくりがうまくいけば、強くありつづけ、勝ちつづけるチームができるはずである。

30

監督に「シーズンオフ」はない。選手たちの未来に起こり得ることを考え、対応策を伝えるのも監督の仕事だ。

シーズンオフを迎えて、選手に「ミトコンドリア」の話をすることがあった。

人間の一個一個の細胞の中にはミトコンドリアと呼ばれるものがあって、酸素を使って糖や脂質をエネルギーに変換するといった働きがある。そのミトコンドリアの数が多くなれば、結果的に体力がつく、運動量もより多くなる。

ミトコンドリアの機能を向上させるのに有効なのは「継続的な運動」をすることである。

「だからオフに練習を怠けると、体力が落ちて、知らない間に筋力も落ちるんだよ」

と伝える。正常なミトコンドリアの割合を増やすことは、イキイキとプレーするためのカギになるのだ。そんな話をした上で、さらに、

「ある一線より下に体力が落ちてくると怪我をします」

という説明も加える。

なぜなら、通例として二月に入ってすぐに怪我人がポンポンポンと出るからだ。

プロ野球の選手で、十年以上やっていて怪我のない人は一人もいない。だからこそ怪我に対しての認識や、自分の体はこの時期にこんなケアをしておくべきだ、といった対応が必要になってくる。そのためにも、

「こうした怪我はこの時期になったら多くなる」

「筋力がなくなると、思ってもいない事故につながる」

「ちゃんと体をケアしないと、こんな事態が起きてしまう」

など、前もって起こり得ることを説明し、備えをするように伝えなければならない。

監督としては、選手たちの未来に起こり得ることをつねに考えるのが仕事である。選手一人ひとりをずっと見ていると、その先に何が起こるのかがわかってくる。なぜかといえば、自分自身がそうした経験を潜《くぐ》り抜けてきたからだ。

十四勝した、十五勝した、十六勝した。でもつぎの年になると、

「あれ？　体が動かない。思うようにいかない」

ということがあった。で、オープン戦の時期になって、

「あ、なんか肩がおかしい」

という事態になったこともある。

そこを乗り切れたのは、同じ経験をした先輩や仲間のことを知っていて、彼らからアドバイスを受けたり、体の生理学的な知識を学んだりしたからである。

自分もそうだったから、そうならないための準備をしておこうとアドバイスする。

いま何をすべきか、その選択を間違えないこと。それを間違えないだけの「知識」を身

につけなさいと伝える。
ミトコンドリアの話が、そこで役立つのである。

31

紙一重の勝利を掴むためには、「努力と根性」が必要だ。

ちょっとした疑問がある。

なぜ日本の野球界は、かつての「根性野球」を否定しようとするのかということだ。

「根性じゃない、精神的なタフネスさだよ」

と反論されることがあるが、

「それを根性というんでしょ」

と言いたいところだ。

私としては昔の人たちが、プロ野球を支えてくれたという想いがある。いまのプロ野球があるのも、昔の人たちが頑張ってくれたおかげという感謝の気持ちもある。

だからこそ、

「努力と根性でいいではないか」

と思うのである。

それを別の言い方にすれば、「精神的なタフネスさ」や「スピリットマインド」ということになる。それが自分の精神の根幹をなすものだと思っている。

精神的な強さ、辛いことに耐えられる強さを大切にすること。

最後の最後に、勝負に勝つか負けるか、最後まで踏んばれるか踏んばれないかの差は、そこから生まれてくるのではないだろうか。

目に見えるものや、数値化できるものだけが正しいのではない。人間には目に見えないところから湧きあがる力とか、何かを絶対に成し遂げるんだという強い意志から生まれる力がある。

それが、限界といわれる「最後の壁」を乗り越えさせてくれるのではないか。

他人に強要しようとは思わないが、私はそうした意味で「努力と根性」を大切にしてきたつもりである。

もともと私は、野球選手としては身長もあまり高くないし、足も速くない。おまけに肩も特別いいというわけではなかった。何かひとつの能力が突出して優れていると評価されたのは、カーブだけだったかもしれない。

ただし、負けず嫌いだったから、他人より何倍も練習することを自分に課してきた。

苦しくて、苦しくて、

「ここまでやらなければいけないのか?」

と感じることでも、欠けていることがひとつもないように練習を重ねた。

野球は勝負事だから、必ず結果が出てしまう。そのときに、

「この勝負、絶対に負けたくない」
と思うのか、
「負けても、まあつぎに頑張ればいいよね」と思うのか。
人それぞれの考え方があるだろうが、私自身は「自分に負けたくない」という想いを、
ずっと貫いてきた。
その想いが、「努力と根性」という言葉に集約されている。

32

自分の中で整理された言葉とそうでない言葉とでは、伝わり方が全然違う。

自分の頭の中を整理するツールとして、スケッチブックを利用している。

なぜスケッチブックかといえば、もともとは妻から勧められたアイデアだ。使うのは昔からある黄色と濃い緑が特徴のデザインで、見開きB４サイズのもの。落書きみたいに書けるから、使いやすくて楽なのだ。

そこに何を書くかといえば、自分のいまの立ち位置とか、誰に声がけをしなければいけないか、誰と誰が仲がいいかという人間関係や、試合に臨むときの戦略ポイントなどなど。その時々に思いついたことを、ランダムに書くようにしていた。

たとえば、明日の試合前に伝えることや、エラーがつづいている選手をどうするかについても、いったん書いてみる。そうして頭の中を整理してから、つぎの日コーチに、

「どうする。どうしたほうがいいと思う?」

「もうちょっと待ってもらえますか」

「わかった。じゃあ任せるね」

という流れになったりする。

また、調子がよくないA選手と話し合いたいと考えたとき、直接話すのではなく、彼と仲のいいBという選手に、

「あいつ最近どうだ？　何か悩んだりしてない？」

と、さりげなく尋ねてみる。すると、B選手から、

「あ、なんか状態があまりよくないみたいな話はしてましたね」

という返事が戻ってきたりする。

「そうかそうか。ちょっと心配だよな」

すると、B選手は必ずA選手に、

「監督が、なんか心配してたぞ」と伝えてくれるのだ。

そんなふうに、間接的に伝えたほうがいいときもある。むろんほんとうに困ったときは直接話をするが、そうした決断もスケッチブックに書いてみることで心が決まる。

この選手はこういう性格だから……と書きながら、

「だからこういう言い方はしないほうがいい」と自分で納得することもある。

ちゃんと整理された言葉とそうでない言葉とでは伝わり方が違ってくる。また必要以上に感情が入ってしまうケースもあるから、いったん書いてみることで、冷静な判断ができるというメリットもある。

多く書くときは四〜五ページになるが、それで何がわかるかといえば、自分の覚悟だ。

スケッチブックを見つめながら、

「みんなにとってプラスになることは何だろう」

「自分にできることって何だろう」

そう考えて、自分の覚悟を決めることができるのである。

33

負け投手やエラーをした野手に、「昨日」を引きずらせてはならない。

監督時代、選手一人ひとりに対する声がけのタイミング、やり方には気をつかった。言うか言わないかにも、いろいろなケースがある。言うべきことがあれば、その日に直接言うこともあるし、自分の意見をきちんとまとめてから、つぎの日に伝えることもある。

だが、グラウンドに入ったときの声がけは基本的に全員一緒、トーンも同じである。

「おはよう」

「調子はどう?」

昨日の試合で3三振した選手にも、延長十回で打たれて負けたピッチャーにも、凡フライを取り損ねた野手にも、

「おはよう」

「今日、頑張れよ」

誰と話すときも、トーンは一緒にしている。

なぜかといえば、そんな私をみんなが見ているからだ。

私がグラウンドに出てくるタイミング、時間もだいたい同じ。ルーティンが決まっていて、まずは会長のところへ行き、ティーバッティング、バント、バッティングをやってい

る選手に順番に声をかけ、終わったらピッチャーのところへ行く。

みんなが私の行動を知っているからこそ、トーンは変えない。

それには理由がある。打てなかった選手、ミスした選手、負けた投手というのは、当然ながら落ちこんでいるはずだからだ。そんなときに、

「おい、どうしたんだよ、昨日は」

「昨日は、惜しかったな」

などと、みんなの前で言われたら嫌だろうと思う。辛い記憶がぶり返されるような気持ちにもなるだろう。

だから、まったく打てなかろうが、ヒットを三本打っていようが関係ない。エラーをしようが、負け投手でも、昨日は昨日、今日は今日だから、

「おう、今日も頼むな」

と同じトーンで声をかける。

選手によけいな臆測を与えないように、つねに同じスタンスを保つこと。

話すときは、

「あなたにお願いしますよ」

という気持ちをこめる。
チームが一丸となって試合にのぞむ、という意識を持ちつづけてほしいからだ。

34

微妙な変化でさえ見逃さない。
その姿勢が
チームの勝利につながる。

ピッチャーは開幕で調子がいいからといって、ずっとそのままで行けるわけではない。シーズン中には、ちょっと落ちたり、一か月も勝てないということもある。そんなときには「勝てない」という部分ではなく、違うところに目を向けさせ、つねに微調整を繰り返さなければならない。

トラックマンのデータをみんなで検証することや、ピッチングコーチの考えとか見方、監督としての私からどう見えていたか、そうした一つ一つが大事になってくる。

つまり、みんながそれぞれの立場で角度を変え、チームとして選手を「見ること」が重要なのだ。

調子がよくないというピッチャーが、ブルペンで投げている姿を見て、

「きょうは六割か七割の感じでしか投げてないけど、いつもあんな感じ?」

と私がコーチに訊くと、

「きょうはちょっと軽めに投げてますね」という。

「なんで軽めなの?」

「いや、わからないです」

だが、「わからない」のでは必要な微調整ができない。

いつもより軽めならば、どこか筋肉が張っているのではないか、疲労が残っているのではないか、ほかに理由があるのではないか。ピッチングコーチとしては、そこに気づいていなければならない。

コーチを責めているわけではない。そうした微妙な変化ともいえる事実をチェック項目として、「見ること」をしてほしいのである。

選手の心と体の状態を保つために、落ちそうになったら微調整を繰り返し、調子を整えておくこと。だからこそ、細かいところまで、ちゃんと見なければいけない。見えなければいけない。

いいときと悪いときとでは、どのように体の使い方に違いがあるのか、その変化を見のがしてはいけないのである。

そのためには、監督の私とコーチやトレーナーが「目線」を同じように合わせておくことだ。そうすれば、

「監督の疑問って何だろう？」

ということが自然に理解できるようになる。

コーチもトレーナーも、監督の指示どおりに動くのではなく、みずから疑問を感じ、み

ずから考えるという姿勢。
チームとして同じ「目線」が共有できるかどうか、そこがポイントである。

35

選手一人ひとりをしっかり見る。その姿勢が言葉になって伝われば、人もチームも育っていく。

プロ野球では選手のメンタルが、大きなウエートを占めている。どのポジションの選手であろうと、どこかに不安を抱えながら野球をしているのである。

「いつ代えられてしまうのか」

「スタメンから外されるのではないか」

入れ替えもあるし、調子が悪ければ二軍行きもある。

実力の世界だから、このさきも同じ位置にいられるとは限らない。

後輩や新人たちも、隙あらばとレギュラー入りを狙っている。

とはいえ、バッターなら打率で一喜一憂することもあるし、ピッチャーも敗戦がつづいて防御率が落ちたりすると、気分が落ちこんでしまう。だから、ピッチャーにかける言葉は、つねに決まっていた。

「明日からの一週間、大切にしろよ」

そう声をかけた。

いいピッチングをしても、悪いピッチングをしても、ノックアウトされても変わらない。喜びすぎてもいないし、怒ってもいない。選手にとって、監督はいつも変わらないというスタンスが大事なのだ。

私としては、

「はい、お疲れさん」

「こういう日もあるからね」

だから、明日からの一週間を大切にしてほしい、という気持ちである。選手の立場に寄り添うという想いもあった。

私の選手時代は、監督からそうした声をかけられたことはなかったと思う。

「お前、何やってるんだ！」

そんな怒声を浴びせられるか、苦虫を噛《か》みつぶしたような顔で無視された。負け投手の気持ちを汲《く》んでくれるような気づかいは、いっさいなかった。

かつてはそういう時代でもあった。しかし、いまの時代の選手たちは、声をかけてあげることが心の支えにもなっているのだと思う。

「ご苦労さん」

「がんばったよな」

という一言でもいい。あれこれとよけいなことを喋る必要はない。

必要なのは選手一人ひとりをしっかり見ている、理解しているという変わらないルーテインを守って、声をかけること。
その言葉の力で、人もチームも育っていく。

36

行動に移さない限り、悪い癖も直せないし、いい素質も伸ばせない。

私はつねに「野球は謙虚にやりなさい」と言ってきた。

ところが、少しばかり成績がよくて注目されたり、有名になったりすると鼻高々で天狗《てんぐ》になる選手がいる。

自分は認められているのだと勘違いするのだ。

そんなことで野球を長くつづけることはできない。「自信」と「過信」は違うのである。

自信というのは結果に裏づけられているが、過信は見た表面だけを映しているようなもので、中身がともなわない。

中身がない選手が活躍しつづけることができるかといえば、プロの世界はそれほど甘くない。

とはいえ、自信なのか過信なのかを見分けるのは、簡単ではない。

だから、自信がありそうな選手には、

「まずは、やってみなさい」

と伝える。反対に、自信がないという選手に対しては、

「じゃあ、何をしたらいいか考えよう」

とアドバイスする。

まずは行動に移さない限り何もよくならないし、悪い癖も直せない。いい素質も伸ばせないし、本人の考えも変えていくことができない。

行動していく中で、失敗して変化する場合もある。何か成功のヒントを掴むことで、自分の足りないところや、

「もっともっと」

という想いが働いて、よくなっていく選手もいるのである。

だが、みんながみんな、ちゃんと行動して、全員が成功しているかといえば、そんなことはあり得ない。

ちょっと結果が出たくらいでピーンと鼻が高くなって、あとは練習もサボりがちになってダメになっていく選手も多いのだ。

「能力があるにもかかわらず、何がダメだったのか」

それは選手自身の努力の問題でもある。

野球にたいして、あくまでも謙虚に立ち向かうこと。わかったつもりの思い上がりからは、何も生まれない。

だとすれば、そこを考えさせるようにアドバイスするとか、勉強させるようにヒントを

与えたり、行動に結びつくような場をつくってやること。
その行動の中から、「過信」ではなく「自信」が育っていく。

37

頭だけでなく、体でも理解できたとき、無意識に体が動くようになる。

最近の若い選手にありがちなのが、「わかったつもり」である。

頭で理解しているだけで、体に理解させていないのだ。本を斜め読みしたり、他人から理屈を聞いただけで、

「ああ、こうすればいいんですね」

とわかったつもりになる。

それだけで自分はできると思いこんでしまうのだ。

「いや、ほんとうにできるの？」と訊くと、

「できますよ」という。

「大丈夫かな？」

と疑いつつ、実際にやらせてみると、案の定何もできていない。こうした安直な思いこみが、いちばんいけない。

重要なのは、理論を学んだら、それを実践して体に覚えさせること。そのうえで、

「なるほど、こういうことだったのか」

と、心に納得させることだ。

体に覚えさせることとは、自分自身でとことん考え、鏡に向き合ってフォームとにらめ

っこし、いろんな角度でさらにトレーニングを重ねること。

「よし、今日はここまで。つづきは、また明日だ」

と思えるところまで、とことんやってみることである。

そうすれば、必ずどこかで
「これだ！」

というヒントに出合えるはずだ。

頭で理解しただけで、

「もう自分はできているんだ」と思うのは、あまりにも安易すぎる。

頭で理解し、体で理解できて、初めて無意識に体が動くようになることを知るべきである。

スポーツとはそうあるべきだし、そうでなければならないと思っている。しかも、野球選手たちはプロスポーツの世界で生きているのだ。

練習をサボりがちな投手の中には、

「たくさん投げて、肩や肘が壊れたらどうするんですか」

という不安を口にする選手もいる。だが、その不安を盾にして何もしないのは、たんなる言い訳に過ぎない。

プロとしての技術を突き詰めるということ。

それは、頭と心と体のすべてで理解することなのである。

38

選手時代の自分の失敗を、「今の選手にはそうなってほしくない」という想いに変える。

社会生活の中では、誰しもが、

「自分は評価されてない」

「ほんとうはもっとよくできるのに」

という想いを抱くことがある。

だがしかし、野球の場合はチームが勝ってこそ自分も評価される。自分が認められていない、あるいは自分が正当に評価されていないと感じるのは、その人の「我」に過ぎない。

選手は、チームのために貢献することが第一の使命である。それぞれが「自分が目立とう」「いいところを見せてやろう」という気持ちでいると、チーム全体がギスギスして一枚岩になることができない。

みんなが「オレが、オレが」という集まりになれば、相手につけこまれる隙が生じてしまう。自分のことよりも、チームが勝てばいいのだと思えることが重要だ。

とはいえ野球はチームプレーでありながら、個人の力量が非常に大きな部分を占めている。そこを勘違いして自分の「我」を通すような行動に走ると、

「なんだ、ああいう態度でいいのか」

周りがそう反応して、結局はチームのギスギス感につながっていく。

だが、正直にいえば活躍し始めたばかりの選手にはありがちなことではある。

「自分がいなかったら、このチーム、ダメでしょう」

と思いあがってしまう時期があるのだ。

じつは、私自身にもそんなことがあった。生意気だといわれ、新人類だと揶揄《やゆ》され、造反だと叩かれたこともある。

「なんだ、アイツは?」

とチームの仲間に反発されたこともあった。そうした失敗を経験したからこそ、できれば若い選手にはそうなってほしくないという想いがある。

誰だって「我」が出てくる時期がある。みんなが通る道なのだ。だから、それを無理やり抑えつけたり、コントロールしようとするのではなく、寛大な心で見守ってやるだけで十分である。

人間は「あ、やっちまった」と思って反省してこそ、成長につながる。

ほんとうに真価が問われる時期がやがて来るのだ。そのときにしっかり成績を残すために、ちゃんと足下を見て一歩一歩進んでいってほしいと思う。

野球選手は、グラウンドの上では嘘をつけない。

グラウンドにいる以上は、

「自分にできることは、ちゃんとやる」

「自分がやらなければならないことは、しっかりその務めを果たす」

そう自分を戒めて精進しなければならないのである。

39

結果が出ない選手や、ミスをした選手に遠慮してはいけない。

「ベンチの雰囲気を明るく元気に保つには、どうすればいいのか?」

そんな質問をされたことがあった。

私の方法は単純明快で、難しいことは何もない。

打てなくて、ショボーンとうなだれている選手がいたら、

「顔、上げろ。打てないときなんかいっぱいあるんだから気にするな」

と声をかけてあげる。三割打者だって、十回打席に立ったとしても、三回しかヒットを打てないのだ。

見事に三振して帰ってきた選手に対しては、

「そう、スイングすることが大事なんだ」

「見逃しじゃなく、ちゃんと振ってきた。その想いだけは絶対なくすなよ」

そう言って、前を向けるような一言をかけてあげるのである。

「え、あれでいいの?」と思われても、

「いいんだよ。行け、迷うな。迷ったら打てない」と答える。

ストライクだと思って振ったら、ボール球だった。それは、仕方ない。つねに狙いどおりのボールが来るとは限らない。

だったら、選球眼を磨くために、練習するしかない。そういう流れに導いていけばいいのだ。

選手の性格もさまざまだが、ベンチに戻るなり泣きだした選手もいた。

「泣いてるけど、どうしたんだ？」

近くの選手にそう訊くと、周りもキョトンとしている。

そのとき守備コーチがそっと、

「エラーじゃないですかね」と教えてくれた。

いかにも現代っ子らしい選手だが、心が弱いわけではない。むしろ感受性が強くて、生真面目で、責任を感じたときの感情の高ぶりが大きいのだ。

一生懸命にプレーするから、やってきたことの結果が出せないと、悔しくて涙があふれるのである。

彼のように泣いている選手には、私としても元気な声がかけられない。それでも、

「君のことは、ちゃんと見てるよ」

「ドンマイ、気にしなくていいよ」

という一言があれば、彼自身も救われる。

気になって、その後の彼を見守っていたが、すこしずつ自信を取り戻しているように見えた。大事なことは、ミスを叱ったり非難したりするのではなく、その場を元気に明るくする声がけを試みること。

みずから率先すれば、自然と周りの雰囲気も変わっていく。

40

「一生懸命」ではまだ足りない。「必死」にやり続けないと、潜在能力は目覚めない。

じつは、野球選手は私自身もふくめて、つねに不安と戦っている。

たとえ、その日の試合に勝ったとしても、

「つぎも勝てるだろうか？」

という不安が胸をよぎる。

そして、二つ勝ったら、三つ勝てるかな、という不安。今年はよかったが、来年は大丈夫だろうかという不安が胸をよぎる。

三年を無事に過ごしたとしても、五年先、十年先に、

「自分はどうなっているんだろう」

「このまま野球に関わっていられるのだろうか」

という一抹の不安がある。

そうした不安が次第に大きくなり、体調を崩したりもする。そうなると試合にも影響が及ぶし、どうあがいても調子が戻らないことが出てくる。

しかも、ああだこうだといろいろ考えすぎて、しまいには何が何だかわからなくなってしまうのだ。まさに不安の迷路状態である。

そんなとき、どうすればいいのか？

私自身は割り切りが早いタイプだから、悩みに悩んだことはないが、

「そんなに簡単に割り切れませんよ」

という選手もいる。その選手に対しては、

「自分がどん底だと思うなら、走るのも投げるのも必死にやってみたら？」

そうアドバイスする。ところが、

「でも、僕の中では一生懸命やってます」

と反論されたりする。

「いや、一生懸命じゃない。〝必死〟にやれと言ってるんだ」

そうダメ押しをする。なぜなら必死という漢字は、文字どおり「必ず死ぬ」という意味だからである。

そのくらいの想いで、一日一日を過ごしているかどうか。その覚悟があるかどうかという問題なのだ。

「毎日死ななきゃいけないんですか？」

と言われたこともある。

だが、そのくらい自分の心も体もへとへとになるまでやってみること。極限まで挑戦し

てみると、アドレナリンが分泌され、潜在能力が目覚めて体が活性化する。
そのとき、思いもしない力が発揮できるのである。

41

失敗を恐れるな。
人間は失敗から学ぶ動物なのだ。

「自分は下手くそなんで……」

「まだまだ能力が足りないんです」

と言って自分を卑下する選手がいるが、足りないのは当たりまえである。１００％完璧な人間なんて、どこにもいない。みんな多かれ少なかれ、失敗しつづけている。

名選手と言われる三割バッターだって、七割は失敗しているのだ。

下手だからこそ、うまくなるための方法を考えるし、弱いからこそ強くなるための方法を模索するのだ。

他人が失敗したときに、

「ほらね」

「やっぱり」

「だから言ったでしょ」

などと責める人がよくいる。

だが、そうやって人の成長を妨げるような態度をとるのではなく、成長を促すための声がけをしてやることが大切である。

エラーをした選手に、

「君には何が足りなかったと思う？」と訊くと、

「グローブの使い方とか、足さばきがうまくいかなかったと思います」という。

エラーやミスの原因を彼なりに分析しているのだ。

「じゃ、その両方を練習すればいいね」

とアドバイスする。

それで自分で納得して練習を始めると、上達するスピードがむちゃくちゃ速い。人に言われて仕方なくやるのと、自分で納得してみずから動くのとでは、速度も習熟度も違う。

アドバイスするときに、こんなたとえ話をすることがある。

たとえば、深夜に山の中を車で走っていて迷ったときに、どうするか。

そのまま車を止めて、朝になるのをじっと待つのか。

「いや、今夜中に目的地まで行かなければならない」

そう思って、自分で探険してでも道を探し、町までたどり着くほうがいいか。

解決法を見いだそうとする思考が止まってしまったら、行動はできない。そんな状態で練習をしても、絶対にうまくいくはずがない。

人間は失敗から学ぶ動物なのだ。

そこから何をどう学んで、どう解決しようと動くのか。
失敗から立ち直るには、そうした行動あるのみだと思っている。

42

選手が自分でたどり着いた答えにこそ価値がある。

監督としての私は、答えを導く人間ではない。

答えではなく、答えを見つけるための「引き出し」を、どれだけ増やしてあげられるかが重要だと思っている。

私がアドバイスする練習方法も引き出しだし、ランニングや食事管理の方法も引き出しのひとつだ。

そこを勘違いして「答え」を欲しがったり、安易な「答え」を求めたりする選手もいる。だが、重要なのは「答え」ではなく、あくまでも「引き出し」なのだ。

引き出しを与えてあげて、そこからどれをチョイスし、どういう方向に向かっていくかは、人それぞれのやり方があるはずだ。

「言われたからやります」

「これをやればいいんですね」

ではなく、目標や目的を見据えて理解したうえで、自分自身で考え決断すること。最終的な結果に対しては、自分で責任を取らなければならない。

人は「答え」をあげると、うまくいかなかったときに、必ずといっていいほど誰かのせいにする。自分で責任を取ろうとせず、逃げてしまうのだ。

「監督にこう言われたので……」

「コーチからやれと言われたので……」

そういうことを言っている間は、ほんとうの意味での成長はできない。自分自身で学びながら、戦っていく精神や思考を身につけさせるためにも、「答え」を与えてはいけないと思っているのだ。

とはいえ、じつは私にも、

「たぶん、これが答えだろうな」

「彼に必要なのは、これではないか」

というものはある。

あったとしても、なぜ言わないのかといえば、本人がみずから選んだ答えに任せたいと考えるからだ。

彼が最終的に「こうしたい」と考えるのだったら、

「きみがそう決断するなら、まずそれをやってみたら」

とアドバイスする。

監督がやるべきことは、答えを見つけるための「引き出し」を増やしてやることなのだ。

引き出しは、いくらでも出してあげられる。だが、やるやらないは本人次第。
野球人生をどう生きるかは、彼自身が選ぶのである。

43

長所や短所より大事なのは、仕事に対してどれだけ真摯に向き合っているかだ。

人間には、当然ながら「長所」と「短所」がある。

選手を育てる場合、長所を伸ばしていくというやり方と、短所を矯正していくというやり方がある。

だが私は両方とも違うのではないかと思っている。

長所・短所というとらえ方ではなく、私の目のつけどころは、

「その人間が野球とどれだけ真摯に向き合っているかどうか」

という一点につきる。

ビジネスマンでいえば、その人間がどれだけ真剣に自分の「仕事」と対峙《たいじ》しているか、ということだろう。

どんなに能力や才能があっても、練習しない選手は例外なく落ちていく。

ビジネスマンだって、スキルアップのための努力をしない人間は、そのうち後輩に追い越される運命にあるはずだ。

さらに言えば、何かと言い訳する人間も成長はしない。むろん練習をしない、言い訳ばかりの選手は論外である。

たとえば、何かあったときに、

「じつは、今回はこんなことがあって……」

「次回は頑張ります」

といった言い訳をする選手がいる。だが、

「そんなに何回もチャンスがあると思っているの？」

思わず、そう問い返したくなってしまう。

そうして言い訳をするタイプの人間は、多くの場合、自分には何回かのチャンスが与えられるという思いこみがある。

そう思いこむのは自由だが、その結果次第では、自分の能力を発揮できる場面が激減してしまうことも知らなければならない。

シーズンの最初に、

「きみには、こういう期待をしているよ」

と伝えたとしても、試合の結果次第では、その期待も変化せざるを得ない。

長所とか短所という問題ではない。肝心なのは、与えられた任務や仕事に、どれだけ本気になれるかである。

練習も中途半端で、何かといえば言い訳するような性格の持ち主が、自分に課された責務と真摯に向き合っているとは思えない。
野球やビジネスマンの仕事が、そんなに甘い世界だったら苦労はない。

44

選手の「こうなりたい」という理想を否定してはいけない。

人は誰しも「こうなりたい」という理想を持っている。

とはいえ、私が選手に「こうあってほしい」と考えるものと、選手自身が「こうなりたい」と思っていることが、ときにはズレてしまうことがある。

選手はとかく自分の理想を追い求めがちだが、監督は理想よりも現実的に、「この選手をどう使ったらいいのか」という点に主眼を置いて考えるからだ。

しかし、選手が考える「こうなりたい」という理想を否定はしない。まずは、その理想をどうやったら実現できるのか、それを本人に考えさせるところから始める。

具体的にどう考えているのかと訊くと、たいていの場合、

「自分はこんなふうになれるといいな」と漠然と思っているだけで具体的な練習法とか、理想実現のためのロードマップをつくっているわけではない。

レギュラーポジションを狙うキャッチャーの場合、キャッチングやスローイング、ピッチャーへのリードなど、すべての面でレギュラー選手にはかなわない。では、どこを伸ばせばいいのか。ある選手に考えさせたら、

「ぼくはバッティングです」という。それが正解だと思った。

そこで、オフのあいだバッティング練習を集中的にやらせたところ、バッティングだけ

でなく、守備力やほかのポジションに対する能力も伸びてきた。キャッチャーもやりながら、内野とか外野のポジションを練習することで、

「彼は、こんな使い方もできるな」というバリエーションが増えたのだ。

監督として、最初にやらなければならないのは、「本人の能力が、どこまで伸びるか」を考えることだ。そのとき「キャッチャーは、やはりキャッチャーをやらせたい」と思いこんでしまったら動きがとれなくなる。

だから「キャッチャーも外野も、両方やってみなさい」と伝える。

シーズン中は、どこで何が起きるかわからない。キャッチャーが予想外の怪我でスタメンから外れるケースも出てくる。そんなとき、キャッチャーも外野も内野もできる選手がいてくれることが、チームの大きな戦力になるのだ。

選手の中には、理想を追い求め過ぎて、現実とのギャップに悩まされるというタイプもいる。

だが「こうなりたい」という理想をフォローするためには、選手の能力をどこまで伸ばしていけるかを考えることが重要だ。その上で、

「ああ、彼のポジションは、最終的にはここだよね」

という場所を見つけていかなければならない。
どんな能力が花開くか、誰にもわからないのだ。

45

監督が選手を育てるのではない。
大事なのは、選手が自分で考え、
育っていくのを手助けすることだ。

選手の性格は、まさに十人十色である。

「最近の若い選手に多いのだが、気持ち的に浮き沈みが激しく、ナイーブなところがあるタイプに対しては、どんな対応が必要なのか？」

そんな質問を受けることがある。

私の場合、こうしたタイプの選手は、一軍に昇格できたときは、なるべくそのまま置いて様子を見るようにしてきた。

多少のミスや、思ったような力が発揮できなくても、ロングレンジでとらえることが大切だと思っている。

結果が出せないという理由で二軍に落とすと、若いナイーブな選手は二〜三か月も落ちこんでしまう。ショックで気持ちの整理が追いつかなくて、自分のパフォーマンスを取り戻すのに時間がかかってしまうのだ。

とはいえ打者の場合、一軍で打てなくなったとしても、二軍では成績を残すというケースが多い。二軍の監督やコーチは、それを見て、

「また、よくなってきましたよ」

と報告をあげてくる。

「そろそろ一軍復帰でいいんじゃないでしょうか」

という。

しかし、たとえ二軍で調子がよくなったとしても、それがそのまま一軍で通用するとは限らない。

「自分はなぜ、一軍で成績を残せないのか」

本来はそれを二軍で考えて、乗り越えなければいけないのだ。

重要なのは、二軍でどれだけ打てるかということではない。一軍に上がってどれだけ打てるのか、それが昇格させるかどうか判断のポイントなのだ。

だから監督としての立場からいえば、このタイプの選手は二軍で育てるのではなく、いいと思ったら一軍に上げて、そのまま置いておくようにする。あえて一軍という実戦の場で鍛えることが有効だということになる。

あとは選手が、自分自身をどう磨いていくかである。

監督が選手を「育てる」のではない。大切なのは、選手自身が育っていくのを手助けしてやること。育っていけるような状況を準備しておいてやること。そのための方法論は、まさにケース・バイ・ケース。

それぞれの選手の性格を見きわめ、その心理を把握して、アドバイスの方向性を決めなければならない。

46

チーム全体で思考を共有できれば、厳しい場面でも怯まずに戦うことができる。

監督として最も重要な仕事は「決断」することである。

投手交代、代打や代走、打て・待てのサインなど、試合中にさまざまな場面で判断し、決断を下さなければならない。

しかも、それをより円滑にし、選手からもコーチからも疑問や不満が出ないようにするには、根拠をもって間違いのない選択をしなくてはならないのである。

試合で厳しい場面になればなるほど、焦ったり、慌てたり、いつも通りの冷静な判断をするのが難しくなる。だからこそ、

「こういう状況になったらピッチャーは誰にするか」

「もしも一点差で負けていたら代打を誰にするか」

と事前に試合状況を推測して、準備とシミュレーションをしておかなければならない。そのうえで、あらかじめコーチに指示を出しておけば、いざというときスムーズな交代や代打、代走ができるのである。

そうした流れがうまく機能していると、

「代走でいつでも行けるように準備させておいてください」

と指示したとたんに、

「はい、もうできています」

という答えが返ってきたりする。

しかも、代走を審判に告げるまえに、選手は一塁に向かって走り出しているのだ。

不思議なことに、コーチも選手も試合の流れをしっかり把握して、自分で考えるようになっている。指示されなくても自分で準備をするから、安心して任せることができる。ベンチで誰がどう動いているのか、自然にわかってくるのだ。

そうした連携が、ちゃんとできあがっているチームをどうつくるか。重要なのはそこである。

投手の場合も同じ。一点差負けとか同点、あるいは一点リードというとき、自分で試合状況をシミュレーションして、

「こういう場面になったら、自分の登板になる」

そう考えて、みずから進んでブルペンで投げはじめる。

「行ける？」

「はい、行けます」

そのルーティンがピタッと嵌まれば、彼も自分の持っている力を十分に発揮することが

できる。
正しい「決断」のためには、周到な準備とシミュレーションが必要なのだ。

47

リーダーは、勝っても負けても平常心を保たなければいけない。

リーダーには、さまざまなタイプがある。

「カリスマ的存在でぐいぐい引っ張っていくタイプ」

「横に逸《そ》れないよういちばん後ろから背中を押していくタイプ」

「友達感覚で自然に溶けこみ同じ方向に向かっていくタイプ」

どちらかといえば、私は二番目のタイプに分類されるのではないかと思う。間違っても

チームの先頭に立って、

「おい、行くぞ」

というタイプではない。

とはいえ、選手の中にはプライベートで悩む人間もいるし、家族の問題が気になって野球に集中できないとか、バッティングやピッチングで壁にぶつかっているケースもある。

私はといえば、そういう選手を見つけて、ちょっと修正して同じ列に戻してやったり、ベンチの雰囲気が変に乱れないように調整するタイプだと思っている。

リーダーとしてどんなタイプがいいかという問題ではない。

野球の場合、自分たちの目標は明確である。目指すはリーグ優勝であり、日本シリーズで日本一になることで、その目標が変わることはない。

そのために、リーダーができることは何かといえば、どんな選手を選び、どこに配置するかを考え、相手チームの戦術・戦力に応じた対抗手段を講じること。相手がどんな守備態勢でくるかが予想できれば、攻撃側としての対応はそれほど難しいことではない。

私がいつもいってきたことは、

「三連戦は、二勝一敗でいいんだよ」

ということぐらいだった。

連勝しようと気負うことはない。勝ち・負け・勝ちという感覚でいい。それでも連敗するときがあるし、反対に連勝するときもある。でも、とにかく三連戦に集中して二勝一敗、それをつづけるだけ。

「シンプルに物事を考えよう」

と選手やコーチたちに伝えていた。

そして試合に関しては、学校の勉強と同じように、予習と復習をすること。試合前に予習としてのシミュレーションをし、もしも負けてしまったら、何がうまくいかなかったか反省をして、つぎの試合に活かせるように復習をする。その繰り返しなのである。

それでも、ときには想定外の出来事もあるが、そんなときは、

「自分の感情的な部分を出さないよう、つねにフラットでいよう」

と決めていた。

監督が平常心を保っていれば、ベンチもまた安定した状態でいられる。

勝っても負けても、いつも同じ。選手にかける言葉も一緒だし、マスコミに対して選手の批判もしない。不満を顔に出したり、怒りを抑えられずに怒鳴ったりもしない。

それが、リーダーとして心得ておくべきことではないかと思っている。

48

負けたときに監督が「こういうときもある」と考えるのは間違っている。

監督になって四年目の二〇一八年は、いろいろな意味で転機の年だった。

選手とのコミュニケーションも順調ではなく、故障者も多くてペナントレースは二位で終わった。そんな中で、なんとかクライマックスシリーズを勝ち上がり、念願の日本シリーズを制することができた。

しかし、そこに至るまでの道のりは、けっして平たんではなかった。ペナントレースで勝てなかったことに対して、監督としての責任を当然感じていた。では、そこからどうするか。

周りの人たちはもちろん、選手たちやフロント陣も、

「ま、勝つときもあるし、勝てないときもありますよね」

という雰囲気になっていた。それが、嫌だった。

「まだ終わってはいない」

そう思った。これからクライマックスシリーズをどう戦うかという正念場を迎えるのだ。

だから、自分の中でけじめをつけ、覚悟を決めて、自分がやろうとしていることをちゃんと話しておこうと思った。日本一をめざすためには、みんなに協力してもらわなければならないし、

「まあ、こういうときもあるよ」といった雰囲気を出してほしくなかった。いちばん怖いのは、チーム全体の「あきらめ感」なのだ。

「去年は日本一になったんだから」

「まあ、こういうときもあるよ」

そんな気持ちのままでクライマックスシリーズに立ち向かうことはできない。勝とうという意欲を沸き立たせることもできない。

日本一をめざして戦ってきたのだから、その目的を達成するために、最後まで頑張りつづけること。

「今年も勝って、来年もやってやるぞ」

という気持ちを持ってもらいたかった。

「こういうときもあるよ」

という考え方が間違っていると思ったのだ。

そんな、あきらめ感が、チーム全体の士気を低下させてしまう。クライマックスシリーズを目前に控えて、監督としては、それがもっとも恐れていたことだった。

「こういうときもあるよ」ではない。「こういうとき」がないようにするために、最大限の努力をつづけなければならない。そうすれば、つぎの年に苦しいシーズンになっても、「あきらめちゃダメなんだ」

という気持ちになれる。その想いが、試合に生きてくる。

監督として、その一点は曲げられないし、伝えておかなければならないと思った。

二〇一八年の日本シリーズ優勝は、そうした苦しみを乗り越えて勝ち取った日本一だった。

49

「喜ぶ言葉」「幸せになる言葉」を使うと、人間は期待以上の力が出せる。

言葉の使い方は難しい。たとえそれが「正論」であっても、話し方ひとつで、まったく違う捉えられ方をしてしまうことがある。

監督になって、三年目を迎えたころだったろうか。選手たちとのコミュニケーションの違和感に悩んでいたとき、ふと、

「正しいことだけでなく、コーチや選手が幸せになることをいうようにしよう」

と思った。

監督としての意見を求められたときなど、選手もコーチもスタッフも、みんなが現場の指揮官としての私の言葉に注目している。

そんなとき、話し方や言葉の選び方ひとつで、「押しつけ」になるケースもあるし、相手の心に届く「納得感のある意思疎通」にもなることに気づいたのである。

監督という立場から「こうしてほしい」と伝えれば、ほんとうは違う意見を持っていても、周りは「はい」と答えざるをえない場面だってある。

「自分たちの意見は聞いてもらえないんだな」

という不満が残ることもある。

誰だって上から目線で命令されたくはないし、叱られたくはないのだ。

そこで、自分がやりたいことはあっても「こうしてほしい」ではなく、「どう思う?」と相手の意見をまず聞くようにしてみた。

「ちょっと聞きたいことがあるんだけど」

という言葉を投げかけると、自分なりの考えをぶつけてきてくれるようになった。

そんな選手の意見を採り入れていくと、選手自身も監督と同じようにチームの一端を担っているんだという実感を得ることができる。そこが重要なポイントではないかと思うのである。

監督もコーチもグラウンドで戦うことはできない。最終的には選手が野球をするのであって、そうして結果を残すのも選手であり、思うような結果が出せなくて批判されたり、年俸が下がったりするのも選手自身なのだ。

そう考えたら、

「選手には思いきり楽しくプレーしてもらったほうがいい」

と考えが変わったのである。

目の前の試合と同時に、シーズンを笑って終われるようにするのが、リーダーとしての重要な仕事ではないかと思う。

「喜ぶ言葉」「幸せになる言葉」を使うと、人間は期待以上の力を出してくれる。

自分の考えを絶対に通そうという考えはなくなった。そのときから、チームの空気が変わったのである。

50

短期決戦では勢いが大事になる。だが、そのために必要なのは「いつも通りの戦い方」である。

勝つための戦術として、日本シリーズで重視していたのは、第一戦だった。チームの勢いとモチベーションを高めるために、第一戦のスタートダッシュが大事なポイントなのだ。

ただし、かつては第二戦が重要といわれていた。それは、まずは第一戦で相手チームの戦力や戦術に関するデータを取り、第二戦では圧倒的に勝てるピッチャーを使う、という戦略だった。たとえ第一戦で負けていたとしても、第二戦で勝って、

「よっしゃ、追いついた。ここから波に乗るぞ！」

そんなリラックスした状態でつぎの試合に立ち向かうことができる、というのが理由だ。

ところが、いまの若い選手たちの場合は、ちょっと勝手が違ってくる。

第一戦で負けを喫してしまうと、その時点で、

「あっ、ヤバいぞ！」

「もしかしたら、このまま負けつづけるかも……」

メンタル的に、そんな状況に追いこまれてしまう。

出鼻をくじかれて、一歩前に出られなくなったり、バットがうまく振れなくて打てなくなるのである。

ところが、第一戦で勝っておくと、たとえ第二戦で負けたとしても、

「一個ぐらいいいじゃん、負けたって」

「まだ一勝一敗だよね」

そう思えてしまう。そのへんが、昔といまの違いかもしれない。

要は、ものの考え方ひとつ。やはり最初に勝っておいたほうが、つぎに負けたとしてもどこかに安心感がある。

では、スタートダッシュを決める第一戦は、どう戦うのか？

やり方は、いくつかある。ただ単に、相手に合わせるという戦いはしない。自分たちのチームらしい野球ができるよう、ある程度ルーティンをつくっていくのだ。

たとえば、第一先発と第二先発というシステムをシーズン中から採用するようにした。シーズン中からやっていると、それが当たりまえになる。日本シリーズでやっても、

「あ、シーズンと同じ戦い方だ」

となる。変に意識しなくてすむから、平常心でいられるのだ。

ところが、そのルーティンをつくっていないと、二番目に出る投手は自分の力の七割か八割ぐらいしか出せない。でもルーティンがあれば、

「そろそろ自分の出番だ」

と、指示されなくても自分で勝手に準備をはじめる。大きく緊張することもない。シーズン中でも、たとえ日本シリーズの大舞台でも、いつもどおり。

その「いつも通り」が大事なのだ。

勝負というものは勢いとはずみが必要である。スタートダッシュが成功すれば、チームの気持ちもひとつになって、さらに大きな勝利に導かれていく。

51

「いまの若い子は」という固定観念を捨てて、目には見えないほんとうの想いを見ようとすることが大事だ。

野球が好きな少年は、みんな夢を見る。

その夢を大事に育て、希望に胸をふくらませてプロ野球に入ってくる。

だが、その夢が叶って全員が成功するわけではない。どこかで悩み、苦しみ、夢が破れて挫折を味わう選手の数も多い。そのとき、私たちがどこまで手助けできるのかというのは、難しい問題である。

たとえば投手の場合、いまも昔も悩みは一緒だ。

「速い球を投げたい」

「コントロールがよくなりたい」

「変化球を身につけたい」

この三つがうまくいかないことで悩んでいる投手が、九十九・九パーセントではないかと思う。おそらく、二十年、三十年、四十年前も同じである。

みんな、そこで悩んで苦しんで、最終的に一年目より二年目のほうが悪くなり、二年目より三年目になってスピードが落ち、さらに三年目から四年目のときはもっとコントロールが悪くなる。そして体調も配球も勝負のカンもバラバラになって辞めていくことになる。

その流れは、ほとんど変わっていない。

では、そうした選手たちに、どうアドバイスをしてやったらいいのか。

選手の個性はさまざまだし、人間同士だから当然ながら好き嫌いもある。良かれと思ってアドバイスしても、返ってくる言葉が小生意気なケースもある。思わずケンカ腰になって言い返したくもなるが、ここが我慢のしどころである。

自分のことを振り返ってみても、周りから文句を言われるほど生意気な時期もあった。いまは理解できることでも、若いころは反発ばかりしていたこともある。先輩に怒鳴られ、蹴飛ばされながら、ようやくわかったこともたくさんある。

おそらくその先輩たちも、誰かに怒鳴られながら教えられ、誘導してもらったりして、自分自身のスキルやノウハウを身につけていったはずである。となれば、

「いまの若い子たちは……」

という固定観念をまずは捨ててみること。そして、好きとか嫌いとかいった感情を乗り越えて、その人間を丸ごと見ることを心掛けるべきである。

誰も最初から完璧にできるわけではない。好き嫌いで判断するのではなく、

「彼はいったいどんな人間なんだろう」

「どんな目的があって、何を目指しているんだろう」

そんな基本的な興味からはじめたほうがいい。

ほんとうに見るべきものは、目には見えない人の心理であり、人の想いである。目の前に見えるもので解釈するのではなく、それ以外のものに想像力を働かせること。

一つ一つのプレーや行動だけではなく、人を「丸ごと見る」ことが必要なのである。

おわりに

物事には始めもあれば、終りもある。

二〇二一年、私はソフトバンクホークスでの七年間の監督業にピリオドを打った。辞めるという決断は、監督を引き受けたときからの私なりの「覚悟」であった。

いや、覚悟というよりも、勝てなかったら辞めるのが監督だと思っていた。もともと監督に就任するとき球団オーナーからは、

「十連覇できる強いチームづくりを目指してほしい」

と要望されていた。

ところが、それまで最低でもリーグ二位の成績だったのが、二〇二一年は三位にもなれず四位という成績で終わってしまった。日本シリーズも四連覇はしたけれど、自分の力及ばずで、五連覇はできなかったという反省もあった。

「ならば自分が責任を取る以外の方法はない」

と思ったのである。

引き留められはしたが、どこかで決断しないとズルズルいってしまう懸念もあった。だからこそ、けじめはきっちりつけようと決めた。

あえて言えば、監督には代わらなければいけないタイミングというものがある。

「また来年も大丈夫だろうな」

「まだまだ、できるはずだ」

そうした思いこみは、決断を鈍らせてしまう。

監督が代われば、チーム全体がいったんフラットになり、ゼロの状態に戻る。するとチームに緊張感が生まれ、気持ちが引き締まり、新たな気分で試合ができるようになる。

もちろん、七年間も選手たちと一緒に戦ってきたのだから、辞めることに一抹の寂しさはあった。寂しさはあったが、迷いはなかった。

「この決断は絶対にチームのためになる」

そう信じていた。

いつまでもつづけていたら、馴《な》れあいが生まれ、甘えが出てきたりする。思いきって監督が代われば、チームがピリッとしてひとつになるはずだという確信があった。

「そうでなければ、辞める意味がない」

選手やチームの可能性は無限にある。いま何が最善かを考えることのほうが重要なのだ。そのタイミングを間違ってはいけない。

リーダーとしての責任の取り方を示すこと、それがリーダーたる者の本来のあり方ではないかと思っている。

二〇二四年九月　　　工藤　公康

構成
倉田ひさし

装幀
bookwall

写真
吉成大輔

〈著者紹介〉
工藤公康　1963年愛知県生まれ。名古屋電気高校（現・愛工大名電高校）を卒業後、西武ライオンズに入団。以降、福岡ダイエーホークス、読売ジャイアンツ、横浜ベイスターズなどに在籍し、現役中に14度のリーグ優勝、11度の日本一に輝き、「優勝請負人」と呼ばれる。プロ野球選手として実働29年間マウンドに立ち続け、2011年正式に引退を表明。最優秀選手（MVP）2回、最優秀防御率4回、最高勝率4回など数多くのタイトルに輝き、通算224勝を挙げる。正力松太郎賞を歴代最多の5回受賞。2016年には野球殿堂入りを果たす。2015年から福岡ソフトバンクホークスの監督に就任。2021年に退任するまでの7年間で日本シリーズを5度制覇。主な著作に『折れない心を支える言葉』『工藤公康　配球とは』『プロ野球の監督は中間管理職である』などがある。

勝ち続けるチームを支える言葉
2024年9月20日　第1刷発行

GENTOSHA

著　者　工藤公康
発行人　見城 徹
編集人　菊地朱雅子
編集者　有馬大樹

発行所　株式会社 幻冬舎
〒151-0051 東京都渋谷区千駄ヶ谷4-9-7
電話：03(5411)6211(編集)
03(5411)6222(営業)
公式HP：https://www.gentosha.co.jp/

印刷・製本所　中央精版印刷株式会社

検印廃止

ISBN978-4-344-04123-3 C0095

この本に関するご意見・ご感想は、
下記アンケートフォームからお寄せください。
https://www.gentosha.co.jp/e/